LA REVOLUTION DES INTERCESSEURS

I0192655

La Revolution des Intercesseurs
© 2022

Tous droits réservés, ce livre ou toute partie de celui-ci ne peut être reproduit de quelque manière que ce soit sans le consentement écrit ou par courriel de l'auteur. L'exception est dans le cas de brèves citations incorporées dans des articles critiques et des revues. Pour toute demande d'autorisation, envoyez un courriel à l'auteur :

Tous droits réservés.
Les citations bibliques sont tirées de la Sainte Bible, Louis Segond 21 (SG21), sauf indication contraire.

Coordonnées de l'auteur :
Courriel : ansydessources@yahoo.com

Site Internet : www.ansydessources.com

ISBN : 979-8-9862387-1-5

Publié par

Ansy Dessources

Table des Matières

PROLOGUE

Le Cœur d'un Intercesseur

En ces derniers jours, il est impératif pour le peuple
de Dieu de commencer une révolution pieuse qui réveillera
les âmes de l'humanité. Le corps du Christ a grand besoin de
passer d'un enracinement dans le monde à une conscience
plus grande et plus profonde du royaume et de ce que Dieu
veut faire à travers chacun de nous. Lorsque nos cœurs
changent et s'alignent de plus en plus sur les desseins de
Dieu, nous sommes capables d'avoir un impact sur le monde
qui nous entoure. Un élément clé de cette révolution sera
l'intercession - les intercesseurs du royaume doivent se lever!

Intercéder signifie *intervenir* en faveur d'une autre
personne. Par l'intercession, un croyant intervient et comble
les lacunes en invitant Dieu à agir dans les familles, les
communautés, les nations et les situations individuelles.
L'intercession contribue à la réconciliation entre les ennemis
et peut empêcher que des choses dommageables et
dangereuses ne se produisent. Elle peut également être
définie comme une intermédiation, une négociation et une

intervention. En termes simples, c'est l'action de prier au nom d'une ou plusieurs autres personnes.[1]

L'intercession est plus nécessaire que jamais, et les croyants de tous les coins du monde doivent se réunir pour prier de tout cœur. Nous avons besoin d'une intercession prophétique radicale qui changera la situation mondiale que nous traversons actuellement, car l'intercession peut prévenir des choses comme les guerres, les crises au sein des familles et la pauvreté, entre autres.

Nous devons apprendre à intercéder !

Le but de ce livre est d'aider à lever des intercesseurs dans le corps de Christ. Nous voulons vous apprendre à céder et à vous positionner de manière à ce que Dieu puisse faire de vous un intercesseur qui porte son cœur. Nous allons examiner les principaux intercesseurs et ce que nous pouvons apprendre de leurs vies et de leurs expériences.

Abraham

Dans le livre de Genèse 18 :16-33, Abraham négocie avec Dieu pour son neveu, Lot. C'est l'un des passages les plus utilisés sur l'intercession. Pourtant, comme nous allons le découvrir, cette histoire contient de nombreux détails clés sur l'intercession qui ne sont pas souvent abordés.

Moïse

L'Exode 32 :11-14 et le Psaume 106 :23 partagent une histoire similaire, celle de Moïse qui se tient dans la brèche pour les enfants d'Israël. Moïse est un excellent exemple d'intercesseur car il a intercédé pour ses ennemis. Moïse a plaidé auprès de Dieu pour Pharaon, un homme qui réduisait son peuple en esclaves (Exode 8 :8-31).

Samuel

Nous pouvons également tirer beaucoup d'enseignements de la manière dont Samuel a intercédé pour la nation d'Israël (1 Samuel 3-8). Samuel aurait pu avoir de nombreuses excuses pour ne pas être un bon intercesseur, mais il a surmonté tous les obstacles et est devenu un exemple de véritable intercesseur. Samuel avait également un point de vue très important sur l'intercession, comme le révèle 1 Samuel 12 :23 : "D'ailleurs, quant à moi, loin de moi l'idée de pécher contre l'Éternel en cessant de prier pour vous, et je vous instruirai dans la bonne et juste voie."

Jésus, le plus grand intercesseur

Jésus est l'intercesseur parfait car son intercession va au-delà de la tombe. Il intercède actuellement pour nous, même lorsqu'il est au ciel (Jean 17 :20-23 ; Hébreux 7 :23-26).

Quand les intercesseurs prient de tout leur cœur

Les intercesseurs sont comme des balais ou des aspirateurs qui nettoient la maison de la saleté. Lorsqu'une personne intercède en faveur d'un individu, d'une famille, d'une communauté, d'une ville, d'un comté, d'un état, d'une nation et du monde, Dieu agit pour purger le mal et apporter un alignement dans ces domaines. Grâce aux prières d'intercession, de nombreuses vies et situations sont changées positivement par la puissance et l'influence de Dieu.

Le péché a créé un fossé entre Dieu et l'homme. Lorsqu'une personne intercède, elle devient un pont qui relie le monde à Dieu. Comme le disait Saint Augustin, "Sans Dieu, l'homme ne peut pas, et sans l'homme, Dieu ne veut pas".

Les disciples ont un jour demandé à Jésus de leur apprendre à prier. Luc 11 :1 dit qu'alors que Jésus priait, "... un de ses disciples lui dit : "Seigneur, enseigne-nous à prier, comme Jean l'a enseigné à ses disciples"" (Luc 11 :1). Il nous enseignera comment intercéder, comme Il l'a enseigné à ses disciples il y a si longtemps.

Prions !

INTRODUCTION

J'ai découvert que de nombreux croyants aujourd'hui n'ont aucune idée de la manière d'intercéder en faveur des autres. J'ai vu de nombreux croyants réagir par la critique et le jugement lorsque leurs propres frères et sœurs en Christ partagent leurs mésaventures et leurs échecs. Les couvrir est en fait ce que nous sommes appelés à faire, en particulier dans la prière. Quelqu'un a dit un jour que la raison pour laquelle Dieu permet aux individus de connaître les erreurs ou les faiblesses de quelqu'un d'autre est de faire une différence dans la vie de cette personne.

Dans Jonas 3, nous lisons l'histoire de l'intercession du roi de Ninive pour son peuple.

> "Le roi de Ninive apprit la nouvelle. Il se leva de son trône, retira son manteau, se couvrit d'un sac et s'assit sur la cendre. Et il fit faire dans Ninive cette proclamation : 'Par ordre du roi et de ses grands, que les hommes et les bêtes, les bœufs et les brebis ne goûtent de rien, ne mangent pas et ne boivent pas d'eau ! Que les hommes et les bêtes soient couverts de sacs, qu'ils crient à Dieu avec force, et qu'ils renoncent tous à leur mauvaise conduite et aux actes de violence dont leurs mains sont coupables ! Qui sait si Dieu ne se ravisera pas et ne reviendra pas sur sa décision, s'il ne renoncera pas à son ardente colère, de sorte que nous ne mourions pas ?' Dieu vit ce qu'ils faisaient, il vit

qu'ils renonçaient à leur mauvaise conduite. Alors Dieu regretta le mal dont il les avait menacés et ne le fit pas" (Jonas 3 :6-10).

Après avoir entendu que le jugement était prononcé par Dieu sur sa ville, le roi de Ninive a réagi en demandant à toute sa nation de s'humilier et d'intercéder. Il a fait jeûner tout le monde et toutes les choses pendant trois jours, y compris les animaux du pays. Dieu a entendu leurs cris et n'a pas détruit Ninive (Jonas 3 :6-10).

Dieu écoute vraiment le cœur des intercesseurs lorsqu'ils plaident leur cause devant lui. Cependant, j'ai remarqué au fil des ans que même les intercesseurs sont souvent lents à réagir comme le roi de Ninive et à crier à Dieu. À cause de cela, des choses comme le trafic sexuel, le racisme, la drogue, la haine, l'alcoolisme, les gangs, les guerres, le divorce, l'immoralité sexuelle, la pauvreté et d'autres choses de cette nature sont autorisées à continuer et à croître sur la terre (1 Timothée 2 :1-4).

Au lieu de prier, nous sommes souvent trop occupés à être offensés comme l'était Jonas. Le prophète Jonas était contrarié parce qu'il voulait voir Dieu détruire Ninive. Il était trop offensé par la méchanceté des habitants de Ninive pour se réjouir du fait que Dieu avait un plan pour les restaurer (Jonas 4).

Les croyants ne doivent pas laisser l'offense les distraire de leur rôle de prêtres que Dieu les a appelés à être. Pierre déclare : "Vous, au contraire, vous êtes un peuple choisi, des prêtres royaux, une nation sainte, un peuple racheté afin de proclamer les louanges de celui qui vous a appelés des ténèbres à sa merveilleuse lumière." (1 Pierre 2 :9 SG21). En tant que membres du sacerdoce royal, il nous incombe d'offrir des prières qui contribueront à faire avancer la volonté de Dieu sur la terre et à faire sortir les autres des ténèbres à sa merveilleuse lumière.

Dieu ne veut pas détruire le monde - Il veut le restaurer. C'est pourquoi il cherche des personnes pour se tenir à la brèche. "Je cherche parmi eux quelqu'un qui construise un mur, qui se tienne à la brèche devant moi en faveur du pays, pour que je ne le détruise pas, mais je ne trouve pas" (Ézéchiel 22 :30).

Dieu recherche des intercesseurs qui se présenteront dans la prière avec un cœur plein de passion pour combattre dans la prière pour les individus, les familles, les communautés, les villes, les comtés, les états, les nations et le monde entier. Lorsque les églises organisent des réunions de prière, nous devrions faire notre possible pour y assister !

Se lever pour combattre au nom des autres

Vous priez pour une génération qui est confrontée à une société dont la culture est probablement la plus difficile de l'histoire. Le monde entier est actuellement dans un profond sommeil, spirituellement parlant. Je crois que cela est dû en grande partie à la technologie, qui peut être une grande bénédiction mais qui est aussi devenue une pierre d'achoppement.

Selon une étude portant sur 11 000 personnes, RescueTime a constaté que les gens passent environ trois heures et quinze minutes par jour au téléphone. La plupart des gens consultent leur téléphone environ cinquante-huit fois par jour, dont trente pendant les heures de travail.[2]

C'est formidable d'utiliser la technologie et d'en tirer de grandes opportunités, mais Dieu doit être glorifié dans tout ce à quoi nous participons. Dieu nous a donné des libertés et des droits, mais nous ne devons pas en conclure que nous pouvons faire tout ce que nous voulons, comme si nos actions étaient sans conséquence. Paul a développé ce concept de "libertés et de droits" lorsqu'il a expliqué à l'église de Corinthe sur le fait qu'avoir des droits ne signifie pas que tout est bon à faire car il ne faut se laisser contrôler (ou dominer) par quoi que ce soit. "Tout m'est permis, mais tout

12

n'est pas utile ; tout m'est permis, mais je ne me laisserai pas dominer par quoi que ce soit" (1 Corinthiens 6 :12).

Les guerriers de la prière ne peuvent pas se permettre d'être distraits par la technologie. Les guerriers doivent se lever afin d'intercéder en faveur de ceux qui sont perdus et de ceux qui sont dans un profond sommeil. Nous devons chercher et sauver les perdus comme Jésus l'a fait, et cela commence par prier comme Jésus l'a fait (Luc 19 :9-10 ; Hébreux 5 :7).

C'est la responsabilité du guerrier de se tenir dans la brèche pour que l'humanité puisse être ramenée à l'autel et prospérer en même temps. Le monde est au bord du précipice de la prophétie ; la fin des temps avance rapidement. L'intercession ouvrira les yeux de beaucoup de gens, changera les cœurs et glorifiera Dieu !

CHAPITRE 1

Le Cœur de Dieu

Lorsque quelqu'un désire grandir pour devenir un véritable intercesseur, cette personne doit inévitablement répondre à cette question : à quoi ressemble le cœur de Dieu ? Un véritable intercesseur doit toujours être à la fois en contact avec le cœur de Dieu et apprendre à le porter.

Alors que je passais du temps en prière sur ce sujet, j'ai été amené à étudier l'Arche de l'Alliance. J'ai regardé comment elle était conçue, et à travers cela, le Saint-Esprit a commencé à me révéler différents aspects du cœur de Dieu.

Après avoir délivré les Israélites de l'esclavage des Égyptiens, Dieu les a conduits au mont Sinaï. Là, Il a donné à Moïse des instructions précises sur la manière de construire l'Arche de l'alliance et la Tente de la Rencontre. L'Arche de l'Alliance a été construite pour transporter temporairement la présence de Dieu, et la Tente de la Rencontre était l'endroit où les prêtres devaient rencontrer Dieu lors d'occasions spéciales au nom du peuple d'Israël (Exode 12-34, Lévitique 16 :29 ; Hébreux 5 :1-5 ; Hébreux 9).

Nous pouvons en apprendre beaucoup sur le cœur de Dieu en regardant de plus près ce qu'Il ordonne de placer dans l'Arche de l'Alliance. La Bible dit ;

> "Il fit 2 chérubins en or, en or battu, aux 2 extrémités de ce couvercle, un chérubin à l'une des extrémités et un chérubin à l'autre extrémité. Il fit sortir les chérubins du propitiatoire à ses 2 extrémités. Les chérubins étendaient les ailes par-dessus le propitiatoire, ils le couvraient de leurs ailes et se regardaient l'un l'autre ; ils avaient le visage tourné vers ce couvercle" (Exode 37 :7-9 SG21).

Le propitiatoire que les deux chérubins angéliques recouvraient en se faisant face était le couvercle de l'Arche de l'Alliance, appelé couvercle expiatoire. À l'intérieur de l'arche se trouvaient les Dix Commandements, une jarre en or contenant la manne et le bâton d'Aaron qui avait bourgeonné (Exode 16 :34 ; Nombres 17 :10 ; Hébreux 9 :4). Chacun de ces objets peut être considéré comme un symbole de la divinité.

Les Dix Commandements sont liés à Dieu le Père qui nous donne la loi pour révéler sa norme de justice absolue (Romains 3 :19-20). Ils ont été écrits par le doigt de Dieu

Lui-même, deux fois, sur des tables de pierre, ce qui indique leur nature éternelle (Exode 31 :18 ; Deutéronome 9 :10). La verge d'Aaron qui a bourgeonné et porté du fruit sans avoir été plantée (Nombres 17 :8) symbolise l'action du Saint-Esprit, Qui nous aide à porter du fruit dans nos vies (Galates 5 :22-23).

En outre, il devait être un signe pour les rebelles (Nombres 17 :10). De même, le Saint-Esprit est un signe pour le monde qu'ils sont en rébellion et il les convainc du péché (Jean 16 :8). Enfin, la manne signifie Jésus-Christ, qui est le vrai pain venu du ciel (Jean 6 :50-52).

Le propitiatoire recouvre tous les éléments de l'Arche de l'Alliance. Jacques a dit : "Car le jugement est sans compassion pour qui n'a pas fait preuve de compassion. La compassion triomphe du jugement" (Jacques 2 :13 SG21). L'affirmation selon laquelle la miséricorde triomphe ou est victorieuse du jugement implique que s'il devait y avoir une bataille entre la miséricorde et le jugement, la miséricorde l'emporterait toujours.

Dieu a conçu l'Arche d'Alliance de cette manière pour révéler qui Il est : un Dieu dont le cœur est plein de miséricorde et qui préfère que le jugement ne précède jamais la miséricorde. Lorsque les prêtres ou Moïse se présentaient à la Tente de la Rencontre, Dieu leur apparaissait, dans une nuée de gloire, au-dessus du propitiatoire, entre les deux chérubins ; Moïse l'entendait parler (Exode 25 :22 ; Nombres 7 :89 ; Isaïe 37 :16). Une fois par an, à Yom Kippour, le jour des expiations, le grand prêtre entrait dans le Saint des Saints, où se trouvait l'Arche de l'Alliance, et intercédait en faveur des Israélites.

Il répandait sur le propitiatoire le sang de l'agneau immolé pour les péchés de la nation d'Israël. Cela préfigurait ce que Jésus ferait lorsqu'il deviendrait la rançon de nos péchés.

> "Quant à Christ, il est venu comme grand-prêtre des biens à venir. Il a traversé le tabernacle plus grand et plus parfait qui n'est pas construit par la main de l'homme – c'est-à-dire qui n'appartient pas à cette création – et il est entré une fois pour toutes dans le lieu très saint, non pas avec le sang de boucs et de jeunes taureaux, mais avec son propre sang. Il nous a ainsi obtenu un rachat éternel. En effet, le sang des boucs et des taureaux ainsi que la cendre d'une vache, dont on asperge ceux qui sont souillés, les rendent saints en leur procurant une pureté rituelle. Si tel est le cas, le sang de Christ, qui s'est offert lui-même à Dieu par l'Esprit éternel comme une victime sans défaut, purifiera d'autant plus votre conscience des œuvres mortes afin que vous serviez le Dieu vivant !" (Hébreux 9 : 11-14 SG21).

Lorsque Jésus est mort, Il est entré dans la tente parfaite (qui est le Ciel) et Son sang a été aspergé symboliquement sur le propitiatoire du trône de Dieu le Père. En se sacrifiant d'une façon libéral, Jésus a apaisé la colère de Dieu pour le monde entier (1 Jean 2 :1-3). Cela ne signifie pas que Dieu n'était pas plein de miséricorde avant la venue de Jésus - Il est en fait évident qu'il était et qu'il est plein de miséricorde, car Il a fait cela après avoir supporté l'humanité pendant des siècles.

David atteste tout au long de l'Ancien Testament que Dieu est plein de miséricorde ainsi qu'aimant et compatissant. Par conséquent, lorsque Jésus-Christ a montré par Sa vie la miséricorde de Dieu, il a manifesté ce qui avait toujours été dans le cœur de Dieu. Paul appelle cela le "mystère de Sa volonté", à savoir que Dieu, depuis la création, a toujours désiré dans Son cœur que le monde soit restauré (Éphésiens 1-6).

Quiconque vient à Dieu et ne se rend pas compte que Dieu est aimant n'est pas encore vraiment venu à Dieu. Car la Bible dit ceci à propos de Dieu :

> "Bien-aimés, aimons-nous les uns les autres, car l'amour vient de Dieu, et toute personne qui aime est née de Dieu et connaît Dieu. Celui qui n'aime pas n'a pas connu Dieu, car Dieu est amour. Voici comment l'amour de Dieu s'est manifesté envers nous : Dieu a envoyé son Fils unique dans le monde afin que par lui nous ayons la vie. Et cet amour consiste non pas dans le fait que nous, nous avons aimé Dieu, mais dans le

fait que lui nous a aimés et a envoyé son Fils comme victime expiatoire pour nos péchés" (1 Jean 4 : 7-10 SG21).

Jean indique clairement ici que c'est Dieu qui a aimé le monde, et qu'en raison de Son amour pour le monde, il a envoyé Son Fils. Jésus est venu avant tout parce que Dieu a aimé le monde et a eu pitié de lui ! Et si quelqu'un ne marche pas dans cet amour, il ne connaît pas Dieu, car Dieu est amour.

Pour marcher dans cet amour dont Jean a parlé, nous devons réaliser que l'Arche de l'Alliance n'était en fait pas la demeure souhaitée par Dieu. *Dieu voulait habiter dans nos cœurs.* Car Dieu a parlé par les prophètes Jérémie et Ézéchiel de la manière dont il inscrirait un jour Sa loi dans nos cœurs (Jérémie 31 :33-34 ; Ézéchiel 11 :19 ; Ézéchiel 36 :26). L'inscription de la loi sur nos cœurs peut être comparée à l'inscription de la loi sur les tables de pierre.

> "Je vous donnerai un cœur nouveau et je mettrai en vous un esprit nouveau. Je retirerai de votre corps le cœur de pierre et je vous donnerai un cœur de chair. C'est mon Esprit que je mettrai en vous. Ainsi, je vous ferai suivre mes prescriptions, garder et respecter mes règles." (Ézéchiel 36 :26-27 SG21).

Lorsque Jésus est venu, il a apporté le nouveau cœur, l'esprit nouveau et l'inscription de la loi sur nos cœurs que Dieu avait prophétisés à travers Ézéchiel.

Jésus a dit ;

> "Si vous m'aimez, respectez mes commandements. Quant à moi, je prierai le Père et il vous donnera un autre défenseur afin qu'il reste éternellement avec vous : l'Esprit de la vérité, que le monde ne peut pas accepter parce qu'il ne le voit pas et ne le connaît pas. [Mais] vous, vous le connaissez, car il reste avec vous et il sera en vous… Jésus lui répondit : « Si quelqu'un m'aime, il gardera ma parole et mon Père l'aimera ; nous viendrons vers lui et nous établirons domicile chez lui." (Jean 14 :15-17 ; Jean 14 :23).

Dans ce passage, vous pouvez voir comment Dieu le Père, Dieu le Fils et Dieu le Saint-Esprit - la Trinité - font leur demeure en nous lorsque nous choisissons d'obéir aux commandements de Jésus. Plus précisément, la trinité habitera dans notre cœur après que nous aurons accueilli Jésus dans notre vie. La demeure de la trinité dans nos cœurs est comparable aux Dix Commandements, à la verge d'Aaron qui a bourgeonné et à la manne qui a été placée dans l'Arche de l'Alliance.

Paul approfondit ce concept de la demeure de Dieu lorsqu'il dit : "Ne le savez-vous pas ? Votre corps est le temple du Saint-Esprit qui est en vous et que vous avez reçu de Dieu. Vous ne vous appartenez pas à vous-mêmes, car vous avez été rachetés à un grand prix. Rendez donc gloire à Dieu dans votre corps [et dans votre esprit qui appartiennent à Dieu]" (1 Corinthiens 6 : 19-20). Selon Paul, nous sommes le temple de Dieu. Tout comme le temple de l'Ancien Testament abritait l'Arche de l'Alliance, le corps du croyant est maintenant devenu une maison pour l'Esprit de Dieu.

Le temple de l'Ancien Testament comportait trois zones spécifiques : les parvis extérieurs, les parvis intérieurs et le Saint des Saints (1 Rois 6 :36 ; Jérémie 35 :4 ; Jérémie 36 :10 ; Ézéchiel 8 :16 ; 2 Chroniques 4 :9). L'Arche de l'Alliance habitait dans le Saint des Saints.

De même, notre corps a aussi trois parties. En s'adressant à l'église de Thessalonique, Paul déclare : "Que le Dieu de la paix vous conduise lui-même à une sainteté totale et que tout votre être, l'esprit, l'âme et le corps, soit conservé irréprochable lors du retour de notre Seigneur Jésus-Christ !" (1 Thessaloniciens 5 :23). Dans cette prière d'adieu, Paul s'adresse à trois parties de notre corps : l'esprit, l'âme et le corps. Notre corps serait comme les parvis extérieurs, notre âme les parvis intérieurs, et notre esprit (ou cœur) le saint des saints, le lieu où le Dieu trinitaire habite.

Puisque notre cœur, lorsque nous sommes en Christ, est semblable à l'Arche de l'Alliance, la miséricorde devrait triompher du jugement en nous dans tous les domaines de notre vie, y compris lorsque nous intercédons pour les autres.

De l'Ancien Testament au Nouveau Testament, il est clair que Dieu est lent à la colère et prompt à pardonner nos péchés. Comme le dit David dans le Psaume, "Mais toi, Seigneur, tu es un Dieu de grâce et de compassion, lent à la colère, riche en bonté et en vérité ;" (Psaumes 86 :15).

Alors, à quoi ressemble le cœur de Dieu ? Le cœur de Dieu est aimant, rempli de miséricorde et de compassion. Et notre Dieu d'amour veut que nous ayons le même genre de cœur. Jude écrit : "Ayez compassion des uns en faisant preuve de discernement. Quant aux autres, sauvez-les avec crainte en les arrachant au feu, en détestant jusqu'au vêtement souillé par leur contact" (Jude 1 :22-23). Ce verset est celui que tout intercesseur devrait mémoriser. Lorsque nous prions pour un monde perdu, cela doit venir d'un cœur miséricordieux - un cœur comme celui de Dieu.

QUESTIONS SUR CHAPITRE 1

1.   Expliquez ce que cela signifie de connaître le cœur de Dieu.

2.   Notre corps est un _____ de Dieu.

3.   Selon l'auteur, s'il y avait une bataille entre la miséricorde et le jugement, _____ l'emporterait.

4.   Lorsque nous prions pour un monde perdu, nous devons avoir un cœur _____.

5.   Que pouvez-vous faire pour cultiver le cœur de Dieu en vous ?

CHAPITRE 2

La Volonté Révélée de Dieu

En plus d'apprendre et de porter le cœur de Dieu, les intercesseurs doivent savoir et fixer dans leur cœur ce qu'est la volonté de Dieu, surtout en ce qui concerne les questions clés. En faisant cela, un intercesseur peut potentiellement économiser beaucoup de temps et d'efforts qui sont souvent gaspillés en priant avec une attitude d'incertitude.

Et pouvons-nous savoir quelle est la volonté de Dieu ? *Par ce qu'il a révélé dans Sa Parole.* Par exemple, les gens savent que Dieu est amour, et qu'Il aime les gens. Cependant, lorsque quelqu'un tombe malade et souffre, beaucoup implorent souvent Dieu de le guérir avec un cœur ambigu, en espérant que Dieu le guérisse mais sans être vraiment sûr qu'Il le veuille. J'ai constaté que si les gens croient que Dieu peut guérir, ils ne pensent pas souvent qu'Il le fera, à moins qu'ils ne "luttent" avec Lui dans la prière suffisamment longtemps pour qu'Il libère enfin la guérison.

Lorsque vous priez de cette manière, *vous n'êtes toujours pas sûr du cœur de Dieu*, car pour connaître Son cœur, il faut connaître Sa volonté - qu'a-t-il déjà révélé comme étant Son désir envers l'humanité ? Comme nous le verrons dans ce chapitre, en matière de guérison, Son désir est que les humains soient entiers (ou complet).

Lorsque vous priez en connaissant Sa volonté révélée, vous avez déjà établi dans votre cœur que l'intention de Dieu, par exemple, est que les gens soient en bonne santé. Vous n'avez pas à hésiter ou à vous demander si la personne est même censée être guérie - vous pouvez vous appuyer sur les promesses de Dieu et demander au Saint-Esprit la sagesse sur la façon de prier - mais vous n'avez pas à vous demander si Dieu veut guérir cette personne.

Évidemment, il y aura des situations où vous ne serez pas sûr de la volonté de Dieu, et c'est tout à fait normal ! C'est pourquoi nous avons accès à la pensée de Dieu par l'Esprit de Dieu (1 Corinthiens 2 :11, Romains 8 :27). Le Saint-Esprit connaît la volonté parfaite du Père, et lorsqu'un intercesseur prie dans l'Esprit, Dieu lui donne des idées et des directives sur la façon de prier.

Dans Jean 5 :19, Jésus a dit qu'il ne peut faire que "ce qu'il voit faire à Son Père" et que "tout ce que le Père fait, le

Fils le fait aussi". De même, dans Jean 4 :34, Jésus a dit qu'il n'est pas venu pour faire Sa volonté, mais la volonté du Père. Par conséquent, nous pouvons conclure que tout ce que Jésus a fait dans Son ministère sur la terre est la volonté révélée de Dieu pour l'humanité.

Alors, qu'a fait Jésus qui révèle la volonté de Dieu ? Examinons quelques points qui sont la volonté de Dieu, comme en témoignent la vie, le ministère et les enseignements de Jésus, ainsi que d'autres endroits dans les Écritures :

Guérison

Une grande partie du ministère de Jésus impliquait la guérison, et il est important pour un intercesseur de savoir que Dieu désire réellement que nous soyons entiers (ou complet). En fait, il le désire tellement qu'il l'a rendu possible par la mort et la résurrection de Jésus.

Ésaïe 53 :4 déclare que "Dans Son corps, sur la croix, il a porté nos maladies et s'est chargé de nos infirmités". Cette prophétie de l'Ancien Testament est devenue une réalité du Nouveau Testament lorsque Jésus a commencé à chasser les démons des gens et à les guérir.

"Le soir venu, on amena vers Jésus de nombreux démoniaques. Il chassa les esprits par sa parole et **guérit tous les malades**. Ainsi s'accomplit ce que le prophète Esaïe avait annoncé : *Il a pris nos faiblesses et il s'est chargé de nos maladies.*" (Matthieu 8 :16-17).

Il existe de nombreux autres cas où Jésus a guéri des gens librement, révélant clairement le désir de Dieu de guérir. Ainsi, lorsque nous prions ou intercédons pour quelqu'un qui est malade, c'est important que nous alignons nos cœur avec le vérité selon laquelle la volonté de Dieu c'est de guérir.

Prospérité

Être prospère, c'est avoir du succès, et le succès ne se limite pas au domaine financier. Dieu veut que nous prospérions à tous égards - mentalement, émotionnellement, spirituellement, relationnellement, physiquement, et oui, même financièrement.

Cependant, le corps du Christ est généralement assez divisé sur le sujet de la prospérité financière. Beaucoup se moquent de l'idée, arguant que la prospérité est égoïste et n'a rien à voir avec le ciel. Beaucoup pensent que la pauvreté est la voie de la vraie sainteté, car elle vous oblige à vous mettre dans une position où vous dépendez de Dieu.

Il y a évidemment ceux qui sont excessifs et indulgents avec les finances, achetant des choses dont ils pourraient probablement se passer et n'est pas apparaître luxueux. C'est pourquoi la Parole de Dieu est le juste milieu. Quelle que soit la perspective, *quelle est la volonté de Dieu en matière de prospérité ?* Jetons un coup d'œil à certaines Écritures :

Deutéronome 8 :18
"Souviens-toi de l'Eternel, ton Dieu, car c'est lui qui te donnera de la force pour les acquérir afin de confirmer, comme il le fait aujourd'hui, son alliance qu'il a conclue avec tes ancêtres en prêtant serment.

Jérémie 29 :11
"En effet, moi, je connais les projets que je forme pour vous, déclare l'Eternel, projets de paix et non de malheur, afin de vous donner un avenir et de l'espérance."

Proverbes 10 :22
C'est la bénédiction de l'Eternel qui enrichit, et il ne la fait suivre d'aucun chagrin.

Psaume 1 :1-3

Heureux l'homme qui ne suit pas le conseil des méchants, qui ne s'arrête pas sur la voie des pécheurs et ne s'assied pas en compagnie des moqueurs, mais qui trouve son plaisir dans la loi de l'Eternel et la médite jour et nuit ! Il ressemble à un arbre planté près d'un cours d'eau : il donne son fruit en sa saison, et son feuillage ne se flétrit pas. Tout ce qu'il fait lui réussit.

Il est clair que c'est la volonté du Père que nous prospérions de toutes les manières, et cela se réalise pleinement lorsque nous nous soumettons à Lui et cédons à l'action du Saint-Esprit dans nos cœurs.

En ce qui concerne la prospérité financière, c'est absolument la volonté de Dieu que nous ayons au moins assez pour nos besoins, et même plus. Il n'est évidemment pas dans Sa volonté que nous créions des idoles à partir des possessions du monde, mais toute personne que le Seigneur a vraiment fait prospérer sait que les vraies richesses ne sont pas dans le monde - elles sont dans l'esprit. Si les richesses du monde nous profitent certainement, elles sont temporaires, doivent être soumises à l'autorité du Seigneur et gérées avec sagesse.

Le salut et l'infusion du Saint-Esprit

Le désir de Dieu est que tous les hommes soient sauvés et expriment la vie éternelle. Bien que tous ne fassent pas cette expérience, c'est néanmoins le désir de Dieu, et nous devrions toujours adopter cette position.

1 Timothée 2 :4
Lui qui désire que tous les hommes soient sauvés et parviennent à la connaissance de la vérité.

Il désire aussi que nous soyons remplis de l'Esprit de Dieu pour pouvoir marcher avec puissance sur la terre.

Actes 1 :8
Mais vous recevrez une puissance lorsque le Saint-Esprit viendra sur vous, et vous serez mes témoins à Jérusalem, dans toute la Judée, dans la Samarie et jusqu'aux extrémités de la terre.

Luc 11 :13
"Si donc, mauvais comme vous l'êtes, vous savez donner de bonnes choses à vos enfants, le Père céleste donnera d'autant plus volontiers le Saint-Esprit à ceux qui le lui demandent."

Sagesse et direction

Dieu ne veut pas que nous agissions de manière insensée et aveugle. Il désire que nous ayons la sagesse et la direction pour nos choix et nos actions, et il promet de nous les fournir.

Jacques 1 :5 dit que lorsque nous avons besoin de sagesse, nous devons la chercher auprès du Seigneur et il la fournira généreusement. Dieu peut directement télécharger la sagesse en vous, ou il peut vous procurer les informations que vous recherchez à partir d'autres sources - lire votre Bible, aller à l'église, les podcasts, les vidéos YouTube, les articles, les livres, les personnes, etc.

Proverbes 3 :5-6
Confie-toi en l'Eternel de tout ton cœur et ne t'appuie pas sur ton intelligence ! Reconnais-le dans toutes tes voies et il rendra tes sentiers droits.

Jacques 1 :5
Si l'un de vous manque de sagesse, qu'il la demande à Dieu, qui donne à tous simplement et sans faire de reproche, et elle lui sera donnée.

Se détourner complètement du mal (Repentance)
Un autre aspect de la volonté de Dieu est que nous nous détournions complètement du mal. Cela peut impliquer de renoncer à certaines choses dans notre vie et de passer par la délivrance pour nous libérer complètement.

Souvent, les gens vous demandent d'intercéder en leur faveur, mais ne veulent pas faire les changements nécessaires. La volonté de Dieu est que nous fassions l'expérience de l'intégralité de Sa bénédiction lorsque nous nous détournons de tout péché dans notre vie et que nous nous alignons sur Sa Parole.

Matthieu 5 :3-4, c'est moi (l'auteur) qui souligne
"Heureux ceux qui reconnaissent leur pauvreté spirituelle, car le royaume des cieux leur appartient ! Heureux ceux qui pleurent, car ils seront consolés !"

2 Chroniques 7 :14
Si mon peuple, celui qui porte mon nom, s'humilie, prie et me cherche et s'il renonce à ses mauvaises voies, je l'écouterai du haut du ciel, je lui pardonnerai son péché et je guérirai son pays.

Proverbes 3 :7-8
Ne te prends pas pour un sage, crains l'Eternel et détourne-toi du mal : cela apportera la guérison à ton corps et un rafraîchissement à tes os.

Perspicacité, Compréhension et Connaissance

De même, la volonté de Dieu est que nous agissions à partir d'un lieu de connaissance et de compréhension, et c'est ce qu'il offre à Ses enfants.

Proverbes 19 :2

Le manque de connaissance n'est bon pour personne, et celui qui précipite ses pas tombe dans le péché.

Proverbes 4 :5-7

Acquiers la sagesse, acquiers l'intelligence! N'oublie pas les paroles de ma bouche et ne t'en détourne pas! Ne l'abandonne pas et elle te gardera. Aime-la et elle te protégera. Voici le commencement de la sagesse : acquiers la sagesse et avec tout ce que tu possèdes acquiers l'intelligence.

Proverbes 2 :6

En effet, c'est l'Eternel qui donne la sagesse, c'est de sa bouche que sortent la connaissance et l'intelligence.

Proverbes 18 :15

Un cœur intelligent acquiert la connaissance, et l'oreille des sages la recherche.

L'intervention divine

Il y a des situations qui dépassent la connaissance, la sagesse et même la repentance - il y a des moments où nous avons littéralement besoin que Dieu intervienne et agisse en notre faveur. L'intervention surnaturelle est la volonté du Père. Dieu l'a fait auparavant, et il le fera encore !

Exode 14 :21-22
Moïse tendit sa main sur la mer et l'Eternel refoula la mer au moyen d'un vent d'Est qui souffla avec violence toute la nuit ; il assécha la mer et l'eau se partagea. Les Israélites pénétrèrent au milieu de la mer à pied sec et l'eau formait comme une muraille à leur droite et à leur gauche.

Josué 10 :12
Alors Josué parla à l'Eternel, le jour où l'Eternel livra les Amoréens aux Israélites, et il dit devant Israël : « Soleil, arrête-toi sur Gabaon et toi, lune, sur la vallée d'Ajalon!» Le soleil s'arrêta et la lune suspendit sa course jusqu'à ce que la nation se soit vengée de ses ennemis. Cela n'est-il pas écrit dans le livre du Juste ? « Le soleil s'arrêta au milieu du ciel et ne s'empressa pas de se coucher, durant presque tout un jour. »

Justice

Dieu ne néglige pas les méfaits, surtout lorsqu'ils sont commis à l'encontre d'innocents. Il est le vengeur de la veuve, de l'orphelin et du pauvre, et ceux qui tentent de profiter de ces personnes seront confrontés à la vengeance du Seigneur. Cependant, il faut préciser que toute vengeance doit être confiée à Dieu. On ne peut pas nous confier la vengeance parce que nous n'avons pas souvent un cœur de miséricorde.

Hébreux 10 :30

Nous connaissons en effet celui qui a dit : *"C'est à moi qu'appartient la vengeance, c'est moi qui donnerai à chacun ce qu'il mérite ! Il a ajouté : Le Seigneur jugera son peuple."*

Osée 12 :7

Et toi, reviens à ton Dieu, garde la bonté et la justice, et espère toujours en ton Dieu !

Romains 12 :19

Ne vous vengez pas vous-mêmes, bien-aimés, mais laissez agir la colère de Dieu, car il est écrit : *C'est à moi qu'appartient la vengeance, c'est moi qui donnerai à chacun ce qu'il mérite, dit le Seigneur.*

QUESTIONS SUR CHAPITRE 2

1.   Pourquoi est-il important de fixer dans votre cœur ce qu'est la volonté de Dieu dans des domaines clés ?

2.   Comment pouvons-nous déterminer la volonté révélée de Dieu envers l'humanité ?

3.   Quelle est la volonté révélée de Dieu concernant la guérison ?

4.   Quelle est la volonté révélée de Dieu en matière de prospérité ?

5.   Comment prier si vous n'êtes pas sûr de la volonté de Dieu dans une situation donnée ?

CHAPITRE 3

L'intercession : Qu'est-ce que c'est Exactement ?

Nous vivons à une époque où il y a de faux enseignants partout. Les églises se divisent à cause des questions allant de la position de l'église sur la politique à la question de savoir si l'homosexualité est un péché ou non. De même, Timothée a également été confronté à des troubles et à de faux enseignants à l'époque de l'église primitive.

L'apôtre Paul, qui avait implanté l'église que Timothée supervisait, a entendu parler des faux enseignants auxquels Timothée était confronté et lui a écrit une lettre. Dans cette lettre, il abordait différentes sujets que les faux enseignants enseignaient et donnait à Timothée des instructions sur la manière de diriger l'église.

L'une de ces instructions concernait la prière. Paul a dit à Timothée ;

> "J'encourage donc **avant tout** à faire des demandes, des prières, des supplications, des prières de reconnaissance pour tous les hommes, pour les rois et

pour tous ceux qui exercent l'autorité, afin que nous puissions mener une vie paisible et tranquille, en toute piété et en tout respect. Voilà ce qui est bon et agréable devant Dieu notre Sauveur, lui qui désire que tous les hommes soient sauvés et parviennent à la connaissance de la vérité. En effet, il y a un seul Dieu et il y a aussi un seul médiateur entre Dieu et les hommes : un homme, Jésus-Christ, qui s'est donné lui-même en rançon pour tous. Tel est le témoignage rendu au moment voulu" (1 Timothée 2 :1-6 SG21).

Paul commence le texte en déclarant *Avant tout*. Cela signifie que ce qu'il s'apprête à dire au début doit avoir la prééminence. Ensuite, il exhorte Timothée. C'est une chose à laquelle il faut prêter attention, car lorsque vous exhortez quelqu'un, vous essayez désespérément de lui faire accomplir quelque chose d'important.

Paul exhorte Timothée à donner la prééminence à la prière. Mais Paul ne se contente pas d'utiliser le mot prière ; il développe le concept de la prière en la divisant en quatre catégories : les supplications (ou demande), les prières, l'intercession (ou supplications) et les actions de grâce (ou prière de reconnaissance). Chacun de ces types de prières a un but précis, alors décomposons-les.

Les prières de supplication sont des prières dans lesquelles un individu, en toute confiance et humblement, d'une manière sincère, supplie Dieu pour quelque chose.

Jésus a prié des prières de supplication pendant son séjour sur terre. L'auteur de l'épître aux Hébreux déclare ceci au sujet de la vie de prière de Jésus : Pendant sa vie terrestre, Christ a présenté avec de grands cris et avec larmes des prières et des supplications à celui qui pouvait le sauver de la mort, et il a été exaucé à cause de sa piété" (Hébreux 5 :7 SG21).

Selon l'auteur de l'épître aux Hébreux, la vie de prière de Jésus était intense. Il criait à Dieu avec des larmes de désespoir, ce qui signifie que les prières qu'il faisait n'étaient pas silencieuses mais fortes. Cela soulève la question suivante : notre vie de prière devrait-elle aussi être remplie de tels cris de désespoir vers Dieu ? Je dirais que oui. Nous devons marcher comme Jésus a marché (1 Jean 2 :6 SG21).

Après les supplications, Paul parle des *prières*. À ce sujet, l'auteur de l'épître aux Hébreux déclare que Jésus offrait des prières et des supplications. Par prières, il peut indiquer différents types de prières, ou simplement une multitude de prières. En grec, le mot pour prier est *proseúxomai*. Le mot *proseúxoma*i signifie souhaiter, ou échanger des souhaits. Il implique l'idée d'interagir avec le Seigneur en échangeant des souhaits (idées) humains contre Ses souhaits lorsqu'Il transmet la foi (*persuasion* divine).[3]

Ainsi donc, la prière est un échange divin - vous prenez des idées qui peuvent être corrompues par la chair et vous les échangez contre les souhaits de Dieu. L'échange des souhaits n'est pas nécessairement une supplication, une intercession ou une action de grâce[4]. Par conséquent, il doit être classé séparément, tout comme Paul le fait.

Avant de parler de l'intercession, parlons de l'action de grâce. Dans l'Évangile de Luc, il y a une histoire ou Jésus envoie ses disciples exercer un ministère en Israël. À leur retour, les disciples sont remplis d'excitation parce que des démons ont été chassés de personnes, au nom de Jésus, par leur intermédiaire. Si Jésus se réjouit de leur victoire, il les met aussi en garde.

Jésus ne voulait pas que les disciples se concentrent uniquement sur le monde démoniaque. Il est dangereux pour un individu de croire qu'avoir l'esprit céleste, c'est penser constamment au diable. Jésus s'est assuré qu'ils comprenaient que si le fait que les démons quittent quelqu'un est une bonne chose, cela ne doit pas être la source de leur joie.

"Cependant, ne vous réjouissez pas de ce que les esprits vous sont soumis, mais réjouissez-vous de ce que vos noms sont inscrits dans le ciel" (Luc 10 :20 SG21).

La joie qui découle de ce que vous faites est éphémère et de courte durée. La vraie joie devrait découler de ce que vous êtes en Dieu. Par conséquent, la joie d'un disciple de Jésus devrait constamment provenir du fait qu'il ou elle est un enfant de Dieu.

Au cours d'une conversation avec ses disciples, Jésus s'est mis à rendre grâce à Dieu. Il " se réjouit dans l'Esprit Saint " et dit :

> "A ce moment même, Jésus fut rempli de joie par le Saint-Esprit et il dit : « Je te suis reconnaissant, Père, Seigneur du ciel et de la terre, de ce que tu as caché ces choses aux sages et aux intelligents et les as révélées aux enfants. Oui, Père, je te suis reconnaissant car c'est ce que tu as voulu. Mon Père m'a tout donné et personne ne sait qui est le Fils, si ce n'est le Père, ni qui est le Père, si ce n'est le Fils et celui à qui le Fils veut le révéler" (Luc 10 :21-22 SG21).

L'action de grâce de Jésus à Dieu le Père était en réponse à la conversation sur l'Évangile qu'il avait eue avec les disciples. La Bible dit en fait *à cette même heure.* Dans notre traduction, cela pourrait être à ce moment précis, juste au moment où il leur parlait, qu'il a commencé à rendre grâce à Dieu. Ce n'était pas une supplication, il ne demandait pas à Dieu de faire quelque chose. Il n'y avait pas d'intercession, il ne priait pas pour quelqu'un, et il n'y avait pas d'échange de souhaits. Il célébrait simplement qui Dieu était et ce qu'il faisait.

C'est exactement ce que sont les prières d'action de grâce : des prières célébrant Dieu pour ce qu'Il est et ce qu'Il fait. Lorsque vous faites ces prières, la joie remplit votre cœur. Un croyant mature s'approche de Dieu d'abord avec un cœur d'action de grâce, et il entre dans les cours du royaume de Dieu avec des louanges (Psaume 100).

Enfin, il y a les prières d'intercession. Comme toutes les autres prières, Jésus a également prié, et prie encore, des prières d'intercession.

Pendant ses dernières heures sur terre, Jésus a prié :

> "Je ne prie pas pour eux seulement, mais encore pour ceux qui croiront en moi à travers leur parole, afin que tous soient un comme toi, Père, tu es en moi et comme je suis en toi, afin qu'eux aussi soient [un] en nous pour que le monde croie que tu m'as envoyé. Je leur ai donné la gloire que tu m'as donnée afin qu'ils soient un comme nous sommes un (moi en eux et toi en moi (, afin qu'ils soient parfaitement un et qu'ainsi le monde reconnaisse que tu m'as envoyé et que tu les as aimés comme tu m'as aimé. Père, je veux que là où je suis ceux que tu m'as donnés soient aussi avec moi afin qu'ils contemplent ma gloire, la gloire que tu m'as donnée parce que tu m'as aimé avant la création du monde. Père juste, le monde ne t'a pas connu, mais moi, je t'ai connu, et ceux-ci ont reconnu que tu m'as envoyé. Je leur ai fait connaître ton nom et je le leur ferai connaître encore, afin que l'amour dont tu m'as

aimé soit en eux et que moi je sois en eux" (Jean 17 :20-26 SG21).

Juste avant que Jésus soit sur le point d'être crucifié, il intercédait pour les autres. C'est une bonne leçon pour nous : lorsque nous traversons une épreuve difficile, nous devons quand même prendre le temps de prier pour les autres. Jésus a intercédé pour ceux que Dieu avait placés sous Sa garde et pour ceux qui, à l'avenir, répondraient un jour à l'Évangile (Jean 17 :20).

Vous et moi faisons partie de la famille de Dieu parce que Jésus a prié pour nous il y a 2 000 ans. Les prières d'intercession peuvent changer les générations. Il est temps pour les intercesseurs de se lever !

L'ancre de ces quatre prières doit être Dieu. C'est Son cœur que l'on doit persuader de réfléchir. Comme l'écrit Paul, "Voilà ce qui est bon et agréable devant Dieu notre Sauveur, lui qui désire que tous les hommes soient sauvés et parviennent à la connaissance de la vérité (1 Timothée 2 :3-4 SG21).

Le désir de prier n'est pas inné chez nous, mais il peut croître en nous lorsque nous passons du temps avec Jésus. Dieu est celui qui désire que tous les hommes soient sauvés, et la prière accomplit donc Son désir de restauration, et non le nôtre. Par conséquent, à mesure que notre cœur grandit pour refléter le cœur de Dieu, nous désirons prier avec les bons motifs.

QUESTIONS SUR CHAPITRE 3

1.   Quelle est la première chose que Paul a demandé à Timothée de faire en ce qui concerne la façon dont il doit diriger l'église ?

2.   Qu'est-ce que la supplication et dans quelle situation l'utiliseriez-vous ?

3.   La prière est un _____ _____ - vous prenez des idées qui peuvent être corrompues par la chair et les échangez contre les souhaits de Dieu.

4.   Un croyant devrait venir à Dieu d'abord avec des prières de _____ .

5.   Quelle doit être notre réponse lorsque nous traversons une épreuve difficile ?

CHAPITRE 4

Les Sept Qualités d'un Intercesseur

Il y a sept caractéristiques qui montrent que quelqu'un est un intercesseur ou a le potentiel pour le devenir. Les sept caractéristiques sont l'amour, le pardon, la passion, la compassion, le discernement, la connaissance et l'esprit de prière. Lorsqu'une personne présente ces caractéristiques, il est facile de savoir qu'elle a le potentiel pour devenir un intercesseur ou qu'elle est un intercesseur.

La première caractéristique importante est l'amour. La Bible dit ;

> "Si quelqu'un dit : « J'aime Dieu », alors qu'il déteste son frère, c'est un menteur. En effet, si quelqu'un n'aime pas son frère qu'il voit, comment peut-il aimer Dieu qu'il ne voit pas ? Or voici le commandement que nous avons reçu de lui : celui qui aime Dieu doit aussi aimer son frère "(1 Jean 4 :20-21 SG21).

Aimer Dieu et aimer les autres sont synonymes, et une personne ne peut pas vraiment intercéder pour les autres si elle ne comprend pas cela. Il est important de comprendre que ce type d'amour dont parle l'apôtre Jean n'est pas naturel.

Le mot amour, ici, en grec, est *agapè* et signifie "amour inconditionnel". Aucun homme ne peut aimer un autre homme inconditionnellement sans l'aide du Saint-Esprit.

En gardant cela à l'esprit, il faut comprendre que ce type d'amour est transmis dans nos cœurs par le Saint-Esprit lorsque nous Le recherchons. Notre tâche consiste donc à admettre que nous n'avons pas cet amour et à être prêts à le demander à Dieu.

La qualité suivante qui aide à définir un intercesseur est le pardon. Comme nous venons de le lire dans 1 Jean, on ne peut pas haïr son frère ou sa sœur et dire qu'on aime Dieu. Un cœur impardonnable est un cœur susceptible à la haine.

S'il y avait quelqu'un qui avait le droit de ne pas pardonner, c'était bien Jésus. Mais sur la croix, il a choisi de nous libérer en disant : "Père, pardonne-leur, car ils ne savent pas ce qu'ils font..." (Luc 23 :34 SG21). Alors qu'il saignait sur la croix, il intercédait pour nous tous !

C'est l'exemple que les chrétiens doivent suivre. Bibliquement parlant, le pardon n'est pas une chose facultative. Jésus le dit ainsi : "...Si vous pardonnez aux hommes leurs fautes, votre Père céleste vous pardonnera aussi ; mais si vous ne pardonnez pas aux hommes, votre Père ne vous pardonnera pas non plus vos fautes" (Matthieu 6 :14-15 SG21).

Ensuite, un intercesseur doit être passionné. Dans les Écritures, nous lisons ceci à propos de la passion : "Ayez du zèle, et non de la paresse. Soyez fervents d'esprit et servez le Seigneur" (Romains 12 :11 SG21). Les mots zèle et ferveur sont synonymes du mot passion. Dans ce texte, l'apôtre Paul dit que lorsque nous travaillons pour le Seigneur, nous devons être enthousiastes à propos de notre service. La passion incite à l'action. Il est difficile pour quelqu'un qui brûle de zèle de ne pas être réel. Les intercesseurs doivent être active et authentiques dans leur marche spirituelle avec le Seigneur.

Après la passion, un intercesseur doit avoir de la compassion. La compassion peut parfois être confondue avec l'amour. Cependant, l'amour est un profond sentiment d'affection et de connexion envers un individu, alors que la compassion est une pitié compatissante qui vous amène à vous sentir concerné par les souffrances ou les malheurs des autres[5]. La compassion ne consiste pas simplement à penser aux malheurs de quelqu'un, c'est une préoccupation profonde qui vient de l'intérieur de vous[6].

Jésus a été ému à plusieurs reprises par la compassion (Esaïe 40 :11 ; Esaïe 42 :3 ; Esaïe 63 :9 ; Luc 7 :13 ; Matthieu 11 :28-30 ; Matthieu 14 :14 ; Hébreux 2 :17). L'un des versets les plus courts de l'Écriture est Jean 11 :35 et il dit simplement : "Jésus a pleuré." Dans le contexte, Jésus pleurait après le décès de Son ami Lazare.

Jésus n'a pas pleuré parce que Lazare est mort, mais parce qu'Il avait une profonde pitié et sympathie pour l'humanité. Lorsqu'Il a vu Marthe et Marie pleurer, cela a touché Son cœur. Juste après ce moment, Jésus a prié Son Père, appelé Lazare hors du tombeau, et Lazare est ressuscité (Jean 11 :35-44).

Comme Jésus, chaque intercesseur devrait être rempli de compassion. La façon d'acquérir ce type de compassion, selon l'Écriture, est de s'en revêtir par la foi. Dans Colossiens 3 :12, la Bible dit de se revêtir "de compassion, de bonté, d'humilité, de douceur et de patience".

En outre, les intercesseurs doivent également être équipés de discernement. L'auteur de l'épître aux Hébreux dit ceci à propos du discernement ;

> " Alors que vous devriez avec le temps être des enseignants, vous en êtes au point d'avoir besoin qu'on

vous enseigne les éléments de base de la révélation de Dieu ; vous en êtes arrivés à avoir besoin de lait et non d'une nourriture solide. Or celui qui en est au lait est inexpérimenté dans la parole de justice, car il est un petit enfant. Mais la nourriture solide est pour les adultes, pour ceux qui, en raison de leur expérience, ont le jugement exercé à discerner ce qui est bien et ce qui est mal" (Hébreux 5 :12-14 SG21).

L'auteur de l'épître aux Hébreux réprimande gentiment les croyants qu'il exhorte. Il leur explique que les chrétiens doivent grandir et mûrir, et qu'une partie de cette maturité inclut la capacité de discernement.

Le discernement se forme lorsque vous vous exercez constamment à distinguer le bien du mal. Ce discernement est différent du don de discernement des esprits, qui est un don du Saint-Esprit qui ne nécessite pas de maturité. Ceux qui sont utilisés dans le don de discernement des esprits doivent encore grandir dans ce don, mais il sera plus facile pour eux de couler dans ce don comme il leur est donné par le Saint-Esprit.

Maintenant, la formation et la pratique ont lieu lorsque nous participons aux choses de Dieu, comme la lecture de nos Bibles, le témoignage, la prière, la communion avec d'autres croyants et l'écoute de la saine doctrine. Un intercesseur mature aura formé son pouvoir de discernement, et il sera capable de distinguer le bien du mal.

En plus du discernement, il est important pour chaque intercesseur d'avoir de la connaissance. La Bible dit que le peuple de Dieu est détruit par le manque de connaissance, et que parce qu'il a rejeté la connaissance, Dieu les rejettera également en tant que Ses prêtres :"...De même que tu as oublié la loi de ton Dieu, j'oublierai aussi tes enfants." (Osée 4 :6). Dans ce passage, Dieu parle par l'intermédiaire du prophète Osée et réprimande les Israélites qui ont commis l'apostasie.

Dieu dit que parce qu'ils ont rejeté la connaissance, Il les a également rejetés en tant que prêtres. L'une des tâches du prêtre était d'intercéder en faveur du peuple d'Israël. Par conséquent, leur rejet de la connaissance les a privés de leur capacité à intercéder et les a éloignés de Dieu.

Le mot "connaissance" en hébreu est le mot "*daath*", qui signifie "connaissance de Dieu" et qui est lié à l'obéissance[7]. Pierre a également utilisé ce mot lorsqu'il a parlé des huit vertus que tous les croyants devraient posséder s'ils veulent être fructueux (2 Pierre 1 :5-7). *Daath* ne fait pas référence à la connaissance livresque, mais plutôt à la connaissance théologique du cœur qui cherche à comprendre qui est Dieu.

Si un intercesseur rejette cette la connaissance, il sera inefficace dans le royaume de Dieu. Les intercesseurs doivent connaître le cœur de Dieu, et pour connaître le cœur de Dieu, il faut vraiment étudier Dieu. Non pas pour acquérir une connaissance de tête, mais pour comprendre qui est Dieu.

Enfin et surtout, tous les intercesseurs ou ceux qui aspirent à le devenir doivent être des hommes et femmes de prière. Par prier, je ne veux pas dire qu'ils doivent passer un temps infini à prier, mais plutôt qu'ils doivent désirer passer du temps de qualité avec Dieu. Cela peut être cinq minutes ou sept heures - cela doit être déterminé par l'appel de l'Esprit.

Car Salomon dit ;

> "Veille sur ton pied, lorsque tu entres dans la maison de Dieu : approche-toi pour écouter, au lieu d'offrir le sacrifice que présentent les hommes stupides parce qu'ils ne savent pas qu'ils agissent mal. Ne t'empresse pas d'ouvrir la bouche ! Que ton cœur ne se précipite pas pour exprimer une parole devant Dieu ! En effet, Dieu est au ciel, et toi sur la terre. Que tes paroles soient donc peu nombreuses !" (Ecclésiaste 4 :17 - 5 :1 SG21).

En effet, Jésus a prié à certains moments de la nuit et nous serons probablement amenés à faire de même à certains moments. Cependant, notre relation avec Dieu ne devrait pas être dictée par le nombre de mots que nous Lui adressons.

Parfois, c'est dans le silence que nous montrons notre confiance en Dieu. Il y a des moments où nous devrons nous taire et savoir que Dieu est Dieu et qu'il sera exalté (Psaume 46 : 10). Devrions-nous aspirer à passer plus de temps avec Dieu ? Oui ! Mais passer de longs moments en prière signifie-t-il que nous connaissons Dieu ? Pas nécessairement. C'est pourquoi il est important pour les intercesseurs de chercher réellement à connaître Dieu.

QUESTIONS SUR CHAPITRE 4

1.   Une personne ne peut vraiment intercéder pour les autres que si elle comprend quoi ?

2.   Aucun homme ne peut aimer un autre inconditionnellement sans quoi ?

3.   Quelle est la différence entre l'amour et la compassion ? Comment acquérir la compassion ?

4.   Selon l'auteur, comment développer le discernement ?

5.   Comment la connaissance est-elle liée à l'obéissance ?

CHAPITRE 5

Le Début de Mon Parcours d'Intercession

En février 1993, après avoir donné ma vie au Christ, je me suis retrouvé dans une énorme bataille mentale et spirituelle. Je pensais à mon père et à la relation difficile que j'avais avec lui, et comment les esprits qui étaient entrés dans ma vie par l'intermédiaire d'un prêtre vaudou voulaient me reprendre. Il y avait aussi des amis à moi qui n'avaient aucun intérêt à être mes amis. Inutile de dire que j'étais dans une situation difficile sur le plan mental, émotionnel et spirituel.

J'ai visité une église avec mon ami Alex. Bien que l'église soit agréable, j'ai eu l'impression qu'elle n'était pas en mesure de m'aider comme j'en avais besoin. C'est pourquoi j'ai dit à Alex que j'avais besoin de trouver une église qui pourrait m'aider à combattre la bataille que je menais, et mon autre ami, Gerald, m'a emmené dans une autre église un mercredi matin. Dès que je suis arrivé, j'ai senti la présence de Dieu et j'ai eu envie de prier. Nous avons passé du temps à prier, et c'est là que ma vie de prière est née.

Quand je suis rentré chez moi, j'ai commencé à lire le livre des Actes des Apôtres, et pendant que je lisais, j'ai eu une vision. Par un jour clair, j'ai vu quelqu'un avec une longue robe qui se tenait devant moi. Il m'a dit : "J'ai besoin que tu ailles faire comme les apôtres". Il a appelé mon nom à plusieurs reprises, Ansy. Cependant, j'avais très peur car je n'avais jamais eu une vision comme celle-là.

Mais quelqu'un m'a dit que c'était Dieu qui me parlait et que cela avait à voir avec mon appel. Après cette expérience, j'ai parlé avec mes amis de notre vie de prière. Je sentais que nous devions commencer à intercéder pour notre ville. Le désir d'intercession a commencé à naître en moi, et plus je passais de temps à intercéder, plus ma faim d'intercession grandissait.

Pendant cette période de ma vie, j'ai aidé à conduire de nombreux jeunes hommes et femmes à Christ. J'ai personnellement conduit certains d'entre eux, et d'autres sont venus à l'église avec moi et y ont donné leur vie à Christ. Grâce à notre intercession, un énorme mouvement spirituel a vu le jour, qui a ensuite donné naissance à de nombreux guerriers spirituels.

Il y avait un sorcier nommé Morris qui organisait une cérémonie vaudou deux fois par an dans notre quartier. Les gens venaient de partout pour assister à la cérémonie. Mais un jour, j'ai appelé Alex et Gerald et je leur ai dit : "Si nous prions, nous pouvons arrêter ce rituel vaudou dans cette ville."

Ils étaient d'accord avec moi. La maison d'Alex était voisine de celle du prêtre vaudou, alors Gerald et moi nous sommes rendus chez lui tôt le matin, avant la danse vaudou, après avoir jeûné toute la journée.

La cérémonie vaudou a commencé dans la matinée par un culte satanique et d'autres rituels sacrificiels. Nous avons fait des prières d'intercession et la présence du Saint-Esprit est tombée dans la maison d'Alex. Nous avons demandé à Dieu d'arrêter tout trafic d'esprits démoniaques dans la région au nom de Jésus. Et ça a marché ! Toute la cérémonie s'est arrêtée parce que les esprits qu'ils essayaient de conjurer n'ont jamais pu se manifester. Le prêtre vaudou était tellement furieux qu'il est venu devant la maison d'Alex et a commencé à crier mon nom. "Ansy, viens dehors parce que tu m'empêches de faire mon rituel." Il s'est répété une deuxième fois. Les gens avaient peur que je sorte. Il avait une machette à la main et un mouchoir violet autour du cou. J'ai ouvert la porte. Je lui ai demandé respectueusement s'il allait bien. Il a dit : "Vous avez arrêté ma cérémonie."

"Je n'ai rien fait contre vous", ai-je répondu. "Qu'est-ce qui vous fait dire ça ?"

Il a répondu : "Vous priiez votre Jésus et vous avez tout arrêté." À ce moment-là, j'ai commencé à avoir plus confiance en l'intercession parce que j'ai réalisé que mes prières avaient réellement arrêté une cérémonie vaudou. Il a ensuite mis une pierre sur un feu, et les gens ont pensé qu'il faisait quelque chose de spirituel pour me jeter une malédiction.

Comme le prêtre vaudou n'a pas réussi à invoquer les mauvais esprits, la cérémonie n'a pas pu avoir lieu et tout le monde est parti. Le lendemain matin, le prêtre vaudou est venu me voir et m'a dit : "Je vois le pouvoir qui est en vous, mais vous devez cesser de m'importuner".

J'ai répondu : "Nous ne faisions que prier. On ne vous dérangeait pas du tout."

"Je ne fais pas cela parce que je sais que ce n'est pas bon, mais c'est ainsi que je subviens aux besoins de ma famille", a-t-il répondu.

"Dieu pourrait vous donner des indications pour subvenir aux besoins de votre famille de la bonne manière", ai-je déclaré.

Puis il a dit : "Un jour, je vous rejoindrai." Malheureusement, il est décédé sans avoir donné sa vie à Christ. Ses enfants, par contre, ont donné leur vie à Christ et ont refusé de servir ces esprits maléfiques. Ils ont également brûlé tous les artefacts vaudous.

Un jour, alors que je vivais aux États-Unis d'Amérique, sa fille m'a appelé et m'a dit, "Ansy, j'ai donné ma vie à Christ. J'ai même jeté tout ce que mon père faisait. Parce que je savais ce jour-là que tu priais que la puissance de Dieu arrêtait tout ce que mon père faisait. J'étais très confuse, car je pensais que mon père était un homme très puissant jusqu'à ce jour. C'est pourquoi j'ai décidé de quitter le monde des ténèbres et d'embrasser Jésus-Christ comme mon sauveur personnel. La façon dont Dieu t'a utilisé ce jour-là restera à jamais dans mon esprit. Je n'avais pas le pouvoir de dire à mon père ce que je pensais du rituel vaudou que nous avions l'habitude de faire deux fois par an. Mais je savais que je ne pouvais plus croire qu'il fasse ces choses. C'est la raison pour laquelle j'ai donné ma vie à Christ. Merci beaucoup d'avoir permis à Dieu de se servir de vous, pour que mes yeux s'ouvrent autant et que je me détourne du monde des ténèbres".

Après avoir entendu son témoignage, je me suis sentie si bien à l'intérieur. Je ne savais même pas, avant qu'elle ne partage son témoignage, à quel point Dieu avait utilisé notre intercession pour sauver sa vie. Elle n'était pas non plus la seule que Dieu a délivrée pendant ces années, car notre intercession a donné naissance à un réveil. Les gens ont commencé à nous respecter et nous avons organisé une réunion de prière une fois par mois, de 6 heures à 18 heures. Tout le monde a commencé à venir me voir pour résoudre leurs problèmes, y compris pour demander la guérison. Cela a fini par devenir une croisade annuelle qui a duré 6-7 ans.

Les gens ont commencé à prier comme jamais auparavant, et ils ont commencé à intercéder les uns pour les autres. En conséquence, nous avons commencé à voir des signes et des prodiges pour la première fois. Un réveil a explosé et les gens m'appelaient à droite et à gauche pour prêcher, prier pour les malades et chasser les esprits démoniaques des gens.

QUESTIONS SUR CHAPITRE 5

1.   Grâce à sa rencontre avec le prêtre vaudou, qu'est-ce que l'auteur a compris du pouvoir de l'intercession ?

2.   La prière a le pouvoir de faire bouger les choses sur la terre. Parlez d'une occasion où vous avez vu des choses se produire dans votre vie ou dans celle de quelqu'un d'autre en réponse (comme résultat de) à vos prières.

CHAPITRE 6

Témoignage d'Intercession : Libéré de la Prison !

L'intercession peut faire sortir des gens de la prison. Dans le livre des Actes des Apôtres, nous lisons comment Pierre a été emprisonné par le roi Hérode. Cet emprisonnement n'était pas temporaire, car le roi Hérode allait décapiter Pierre pour plaire au peuple.

Mais la Bible dit ;

> "Pierre était donc gardé dans la prison et l'Eglise adressait d'ardentes prières à Dieu pour lui. La nuit qui précédait le jour où Hérode allait le faire comparaître, Pierre, attaché avec deux chaînes, dormait entre deux soldats ; des sentinelles postées devant la porte gardaient la prison. Soudain, un ange du Seigneur survint et une lumière resplendit dans la cellule. L'ange réveilla Pierre en le frappant au côté et lui dit : « Lève-toi vite !» Les chaînes tombèrent de ses mains. Puis l'ange lui dit : « Mets ta ceinture et tes sandales. » C'est ce qu'il fit. L'ange lui dit encore : « Mets ton manteau et suis-moi. » Pierre sortit et le suivit, sans savoir que ce que l'ange faisait été réel : il croyait avoir une vision. Ils passèrent la première garde, puis la seconde, et ils arrivèrent à la porte de fer qui mène à la ville. La porte s'ouvrit d'elle-même devant eux ; ils sortirent et

s'avancèrent dans une rue. Aussitôt l'ange quitta Pierre. Revenu à lui-même, Pierre dit : « Maintenant, je sais vraiment que le Seigneur a envoyé son ange et qu'il m'a délivré du pouvoir d'Hérode et de tout ce que le peuple juif attendait" (Actes 12 :5-11).

En réponse à l'emprisonnement de Pierre, l'église a prié avec passion, zèle et ferveur, brûlant d'angoisse pour qu'il soit libéré. Ils ne se sont pas contentés de dire une simple prière - ils ont intercédé de manière intentionnelle et ciblée. Le texte ne dit pas que seules quelques personnes intercédaient, mais que l'église le faisait, ce qui signifie que c'était un front uni.

Comme ils priaient sincèrement, Dieu les a entendus et a envoyé un ange pour faire sortir Pierre de prison. Après que l'ange ait frappé Pierre sur le côté et lui ait dit de se lever, ses chaînes sont tombées de ses poignets. L'intercession de l'église a ouvert la porte de la prison pour Pierre. Un ange l'a réveillé, l'a détaché, l'a habillé, l'a fait passer devant les gardes, a ouvert la porte de la prison, l'a aidé à marcher vers la liberté et l'a sauvé de la mort. C'est ce que j'appelle la délivrance ! L'intercession et la délivrance vont de pair. De nombreuses personnes sont emprisonnées comme Pierre par un roi maléfique : le diable. Ce n'est que par vos prières qu'elles seront libérées. Avant que Pierre ne soit enfermé, l'Écriture dit que Jacques a été emprisonné par le roi Hérode et décapité. Il est intéressant de noter qu'il n'est pas fait mention de l'église priant de la même manière pour Jacques que pour Pierre. Peut-être l'église était-elle distraite par ses propres épreuves. Peut-être que la persécution dont elle faisait l'objet la poussait à se concentrer sur elle-même. Quelle qu'en soit la raison, nous ne lisons pas qu'ils aient crié à Dieu pour Jacques.

On ne peut s'empêcher de se demander si quelque chose de différent aurait pu se produire si l'église avait prié comme elle a prié pour Pierre. De même, lorsque nous n'intercédons pas pour ceux qui sont spirituellement esclave, la mort est ce qui peut les attendre aussi.

Ce type de prière d'intercession qui fait sortir les gens de la prison spirituelle est différent des autres. Elle demande de l'intentionnalité, et votre esprit doit être prêt pour la guerre. Dieu nous a appelés à délivrer les gens des prisons spirituelles tout comme Pierre a été délivré d'une prison physique. Pour que nous puissions accomplir cela, nous devons comprendre ce qu'est la délivrance. Pendant trop longtemps, l'église a laissé le mauvais roi, Satan, emprisonner les gens et finalement les tuer. Nous devons nous engager dans la bataille comme l'église l'a fait pour Pierre !

La délivrance de Dieu pour ma fille spirituelle

L'une de mes filles spirituelles a enfreint la loi lorsqu'elle était très jeune. Elle a commis un crime sur son lieu de travail. Elle méritait d'être condamnée à la prison, mais on l'a laissée partir.

Des années après avoir commis ce crime, elle a reçu une lettre par la poste. À son grand étonnement, la lettre venait de la haute cour l'Etat de la Pennsylvanie (Aux États-Unis). La lettre indique qu'elle doit être rejugée par le ministère de la Justice de l'État de Pennsylvanie.

Apprendre qu'elle allait être rejugée a été une nouvelle très douloureuse pour elle. Son cœur s'est complètement effondré car, à ce stade, elle avait changé et opéré une toute nouvelle transformation dans sa vie. J'ai reçu un appel d'elle ce soir-là et elle avait l'air très triste, alors je lui ai demandé ce qui n'allait pas. Elle m'a expliqué tout ce qui s'était passé lors des précédents procès et que l'affaire avait été classée sans préjudice, ce qui signifie que d'autres juges pouvaient simplement décider de rejuger l'affaire s'ils le souhaitaient. Nous avons contacté un avocat pour représenter ma fille spirituelle. Le jour de son procès, son frère et moi sommes entrés et nous sommes assis dans l'attente du verdict.

Le procureur a apporté de nombreuses preuves convaincantes dans l'espoir que le juge se prononce contre ma fille spirituelle. Je pensais que notre avocat avait présenté autant de preuves et qu'il avait très bien plaidé sa cause. Cependant, le juge s'est prononcé contre ma fille spirituelle. Il l'a condamnée à cinq ans de prison et à l'expulsion par la suite. J'étais tellement bouleversée que les larmes ont commencé à couler. L'avocat m'a dit : "Monsieur, voici ma carte. Elle peut m'appeler de la cellule de la prison", et il est parti.

Je me souviens avoir dit : "Seigneur ! Tu ne m'as pas dit qu'elle allait rester derrière." Alors que j'étais assise là, les gens disaient que je ne comprenais pas comment fonctionne le système judiciaire aux États-Unis parce que je ne croyais pas qu'elle était censée être en prison. Je suis sorti de la salle d'audience, je me suis assis et j'ai commencé à intercéder pour elle.
J'ai dit à Dieu : "Je ne quitterai pas cet endroit sans ma fille spirituelle." Je ne pouvais pas élever la voix car certaines salles d'audience étaient encore en session. Je suis restée assise dans le hall à intercéder pendant deux heures d'affilée.

À un moment donné, quelqu'un m'a dit que je devais quitter les lieux car le procès était terminé. Soudain, à 15 heures, un officier du tribunal est sorti et m'a demandé : "Êtes-vous le pasteur Ansy, le pasteur de la dame qui a été incarcérée ?".

"Oui", ai-je répondu.

L'officier a poursuivi : "C'est la première fois dans l'histoire du système judiciaire des États-Unis d'Amérique qu'un juge prend une telle décision contre un jugement. Elle est libérée de sa garde à vue et elle va rentrer chez elle avec vous."

J'étais choqué ! Je ne savais pas comment remercier Dieu d'avoir entendu et répondu à mon intercession. Cela m'a rappelé le moment où Pierre a été libéré et où la jeune femme qui s'est présentée à la porte lorsque Pierre frappait, a vu que c'était Pierre et était tellement ravie qu'elle a oublié d'ouvrir la porte (Actes 12 :13). Je suis resté bouche bée devant la grandeur de mon Dieu qui peut même faire sortir des prisonniers de prison !

QUESTIONS SUR CHAPITRE 6

1.   En réponse à l'emprisonnement, comment l'église a-t-elle prié ? Que s'est-il passé en conséquence ?

2.   Selon l'auteur, que faut-il pour prier des prières qui font sortir les gens de la prison spirituelle ?

3.   En réponse à son intercession, qu'est-ce que l'auteur a vu arriver à sa fille spirituelle ?

CHAPITRE 7

Intervenir en Faveur de Ceux qui vous ont fait du Tort

Mon père et moi n'avons jamais eu une bonne relation. Il m'a rejeté lorsque ma mère était enceinte de moi. Il ne voulait pas que je naisse, alors il a essayé de forcer ma mère à avorter. La tentative d'avortement a échoué, alors ma mère a décidé de me garder. Mon père n'était pas content, il s'est emporté contre elle et l'a fait partir. Lorsqu'elle a quitté Haïti pour les États-Unis d'Amérique, elle n'a pas pu m'emmener avec elle, alors je suis resté avec mon père.

Quand j'étais jeune, il ne m'a jamais reconnu comme son fils. Il m'appelait "animal", mais jamais "fils" et il ne voulait pas que je l'appelle "papa". Cela a apporté tellement de confusion dans ma vie, et la douleur de cette situation m'a donné l'impression que mon cœur saignait. Le fait de grandir avec ce genre de douleur dans le cœur m'a amené à faire de mauvais choix dans ma vie. Mais lorsque j'ai donné ma vie à

Christ, j'ai voyagé aux États-Unis Amérique pour rejoindre ma mère avant d'aller à Boston pour voir mon père.

J'ai commencé à intercéder pour mon père, même si mon cœur saignait à cause des mauvais traitements qu'il m'avait infligés. Je savais que j'avais du ressentiment dans mon cœur, alors j'ai prié pour que Dieu m'aide à pardonner. Dieu, qui répare ceux qui ont le cœur brisé (Luc 4 :18), a réparé mon cœur en sang pendant que j'intercédais pour mon père et m'a donné la force de lui pardonner. Je suis allée à Boston, j'ai serré mon père dans mes bras et j'ai passé du temps avec lui. Grâce à la puissance du Saint-Esprit, je lui ai montré de l'amour malgré la façon dont il me traitait. En conséquence, il a donné sa vie à Christ la même semaine où il allait mourir. Avant qu'il ne décède, nous avons pu nous réconcilier et construire une excellente relation. Mon père, qui ne me disait que du mal pendant mon enfance, a été le premier à m'appeler "Pasteur".

Je remercie Dieu pour le pouvoir de l'intercession ! Et si j'avais décidé de ne pas intercéder pour lui ? Si j'avais laissé la vengeance me guider au lieu de l'amour ? Mon père ne serait jamais venu à Jésus ! Grâce à l'intercession, mon cœur a changé et Dieu a agi. Un jour, je verrai mon père au ciel !

Frères et sœurs, en tant que des croyants, nous ne devrions pas mourir avec des rancunes. La Bible dit : "Mais si vous ne pardonnez pas aux autres leurs péchés, votre Père ne vous pardonnera pas non plus vos péchés" (Matthieu 6 :15). Nous devons libérer ceux qui nous ont fait du mal. On ne peut pas intercéder pleinement pour les autres si l'on refuse de libérer l'offense. Imaginez ce qui se serait passé si Abraham avait choisi d'être offensé par son neveu Lot qui l'avait quitté ! Son neveu Lot a même pris des pâturages plus verts en partant. Mais Abraham n'a pas laissé l'offense l'empêcher d'aimer son neveu Lot, et il est même allé à la guerre pour lui (Genèse 13 :5-13). Iriez-vous à la guerre pour quelqu'un qui vous a abandonné ? Ou diriez-vous qu'il a mérité la calamité à cause de la façon dont il vous a traité ? Même après être allé à la guerre en son nom, Abraham n'a pas mis d'attentes sur Lot.

Il n'a pas dit "Lot, tu me dois quelque chose parce que je t'ai délivré". Lorsque vous intercédez, vous partez en guerre pour quelqu'un comme Abraham est parti en guerre pour Lot. Vous ne le faites pas pour une récompense, mais pour libérer la personne !

QUESTIONS SUR LE CHAPITRE 7

1.   Que s'est-il passé à la suite de l'intercession de l'auteur pour son père ?

2.   Nous ne devons pas mourir avec _____ .

3.   Selon l'auteur, nous ne pouvons pas intercéder pleinement pour quelqu'un si nous portons une offense. Pourquoi pensez-vous que c'est le cas ?

4.   Pensez à quelqu'un qui a récemment fait quelque chose d'offensant pour vous. Quelle a été votre réponse à cette personne ? Avez-vous intercédé pour lui ou elle ? Si non, prenez quelques instants maintenant pour la libérer et intercéder pour elle.

CHAPITRE 8

Pourquoi Certaines Prières ne sont pas Exaucées

Etes-vous déjà demandé pourquoi certaines de vos prières d'intercession n'ont pas été exaucées ? Certaines personnes refusent de prier parce qu'elles ont peut-être prié pour quelque chose ou quelqu'un dans le passé et que rien ne s'est produit. Dans leur cœur, elles peuvent croire que Dieu n'a pas répondu à leurs prières.

Examinons les différentes raisons possibles pour lesquelles Dieu peut ne pas répondre aux prières de quelqu'un. Le prophète Samuel était un intercesseur extraordinaire, mais toutes ses prières n'ont pas été exaucées comme il l'aurait souhaité.

Après que le roi Saül ait désobéi à Dieu, ce dernier l'a rejeté du poste de roi. Samuel, en tant qu'intercesseur, pleure Saül. Le Seigneur lui a parlé et a dit ;

"Quand cesseras-tu de pleurer sur Saül ? Je l'ai rejeté afin qu'il ne règne plus sur Israël. Remplis ta corne d'huile et pars ! Je t'envoie chez Isaï, le Bethléhémite, car j'ai vu parmi ses fils celui que je désire pour roi" (1 Samuel 16 :1 SG21).

Dieu a-t-il dit à Samuel de cesser d'intercéder pour l'âme de Saül ? Non. La déclaration de Dieu concernait le fait que Saül soit roi d'Israël. Dieu n'a pas rejeté Saül en tant que personne - Saül a rejeté Dieu comme roi dans sa vie, et Dieu a donc rejeté sa royauté. L'intercession ne consiste pas à placer les gens à la bonne place, mais à placer le cœur des gens à la bonne place. La Bible dit ;

"D'où viennent les conflits et d'où viennent les luttes parmi vous ? N'est-ce pas de vos passions qui combattent dans vos membres ? Vous désirez et vous ne possédez pas ; vous êtes meurtriers et jaloux, et vous ne pouvez rien obtenir ; vous avez des luttes et des conflits. Vous ne possédez pas parce que vous ne demandez pas. Quand vous demandez, vous ne recevez pas parce que vous demandez mal, dans le but de satisfaire vos passions" (Jacques 4 :1-3 SG21).

Encore une fois, les motifs d'une personne sont importants. La raison pour laquelle vous priez est plus importante que la manière dont vous priez.

Dans cette optique, il existe quelques raisons pour lesquelles les prières d'une personne peuvent ne pas être exaucées. Premièrement, Jacques dit que nous n'avons pas parce que nous ne demandons pas. Certaines personnes ne demandent jamais et ne reçoivent donc jamais. Ensuite, Jacques parle des mauvais désirs. Il ne s'agit pas seulement des désirs pécheresques, mais aussi des désirs apparemment bons qui peuvent ne pas correspondre à la volonté de Dieu. On peut le voir, par exemple, lorsque Samuel a prié pour que Saül soit repositionné comme roi.

Une autre raison pour laquelle les prières d'une personne peuvent ne pas être exaucées est qu'elle est en désaccord avec son conjoint. Pierre dit ;

> "Maris, vivez de même en montrant de la compréhension à votre femme, en tenant compte de sa nature plus délicate ; montrez-lui de l'estime, car elle doit hériter avec vous de la grâce de la vie. Agissez ainsi afin que rien ne fasse obstacle à vos prières" (1 Pierre 3 :7 SG21).

Ensuite, s'il y a désunion dans le mariage, vos prières risquent de ne pas être exaucées. De plus, même vos enfants peuvent connaître l'impiété à cause de la désunion dans le mariage. Dans le livre de Malachie, Dieu dit ceci au sujet du mariage :

> "Voici une deuxième chose que vous faites : vous couvrez l'autel de l'Eternel de larmes, de pleurs et de gémissements, de sorte qu'il ne prête plus attention aux offrandes et qu'il ne peut rien accepter de vos mains, et vous dites : « Pourquoi ? Parce que l'Eternel a été

témoin entre toi et la femme de ta jeunesse, que tu as trahie. Et pourtant, elle était ta compagne et la femme avec laquelle tu étais lié par une alliance. Personne n'a fait cela, avec un reste de bon sens. Un seul l'a fait, et pourquoi ? Parce qu'il recherchait la descendance que Dieu lui avait promise. Veillez sur votre esprit : que personne ne trahisse la femme de sa jeunesse, car je déteste le divorce, dit l'Eternel, le Dieu d'Israël, et celui qui couvre son habit de violence, dit l'Eternel, le maître de l'univers. Veillez sur votre esprit et ne commettez pas cette trahison !" (Malachie 2 :13-16 SG21).

Dieu dit très clairement que ce qu'il désire pour le mariage, c'est l'unité (l'unicité). Dieu dit que l'unité dans le mariage donne naissance à une progéniture pieuse. Sans unité, nous pouvons pleurer jusqu'à en avoir le visage bleu et certaines de nos prières peuvent ne pas être exaucées.

C'est une chose que Samuel a peut-être négligée, et cela a engendré en partie un désir de quelque chose de mondain chez le peuple qu'il dirigeait. Les enfants de Samuel étaient méchants et le peuple avait peur qu'ils prennent les rênes après la mort de Samuel.

"Lorsque Samuel devint vieux, il établit ses fils juges sur Israël. Son fils aîné se nommait Joël, et le second Abija. Ils étaient juges à Beer-Shéba. Les fils de Samuel ne marchèrent pas sur ses traces ; ils se livraient à des profits malhonnêtes, acceptaient des cadeaux et tordaient le droit. Tous les anciens d'Israël se rassemblèrent et allèrent trouver Samuel à Rama. Ils lui dirent : 'Te voilà vieux et tes fils ne marchent pas sur tes traces. Maintenant, établis sur nous un roi pour nous juger, comme on en trouve dans toutes les nations'" (1 Samuel 8 :1-5 SG21).

Notre premier ministère doit être envers notre famille. Si nous ne sommes pas diligents dans ce domaine, tout le travail que nous faisons peut mourir avec nous. Négligez-vous votre femme ? Négligez-vous vos enfants ? Si oui, repentez-vous aujourd'hui !

Le premier endroit où une personne devrait être un intercesseur est son foyer. Priez d'abord pour votre mariage. Priez d'abord pour votre propre foyer. S'ils connaissent le Seigneur ou sont désireux de Le connaître, priez avec eux.

Une autre chose qui peut arrêter les prières d'une personne est le commérage. Parfois, les réunions d'intercession se transforment en séances de commérage. Vous ne devez pas bénir et maudire de la même bouche (Jacques 3). Les commérages sont enracinés dans l'ambition égoïste et la jalousie. La Bible dit que la jalousie et l'égoïsme ne sont pas le type de sagesse de Dieu. Ces choses sont "...terrestre, purement humaine, démoniaque. En effet, là où il y a de la jalousie et un esprit de rivalité, il y a du désordre et toutes sortes de pratiques mauvaises." (Jacques 3 :15-16 SG21). On ne peut pas intercéder avec ce genre de cœur.

De même, l'intercession d'une personne peut être entravée par un esprit de criticisme. Dans l'Ancien Testament, il y a une histoire du roi David qui danse de toutes ses forces alors qu'il a su ramèné la présence de Dieu (l'arche de Dieu). Pendant qu'il dansait, sa femme s'est mise à le critiquer, et elle l'a méprisé dans son cœur (2 Samuel 6 :12-16). Lorsque David est rentré chez lui, sa femme Mical lui dira : "Quel honneur aujourd'hui pour le roi d'Israël ! Il s'est dénudé aux yeux des servantes de ses serviteurs comme le ferait un homme sans valeur !". (2 Samuel 6 :20). David a répondu en disant : "Je veux paraître encore plus petit que cela et m'abaisser à mes propres yeux. Toutefois je serai honoré auprès des servantes dont tu parles." (2 Samuel 6 :22). David était plus préoccupé par la gloire de Dieu que par ce que les hommes pensaient de lui, même si cela signifiait qu'il avait l'air stupide.

Le dernier verset de ce chapitre est un verset que les gens ne doivent pas oublier. Le verset dit que " Mical, fille de Saül, n'eut pas d'enfants jusqu'au jour de sa mort." (2 Samuel 6 :23). Un esprit de criticisme peut vous rendre stérile. Cela signifie que lorsque vous choisissez de critiquer les autres au lieu de les encourager, vous verrez des choses bloquées dans votre vie. Les rêves que vous avez pu avoir ne se réaliseront pas, les occasions manquées deviendront courantes, les portes qui auraient pu être ouvertes resteront fermées, et votre intercession ne pourra pas être efficace. Rien ne naît là où se trouve un esprit de criticisme.

La dernière chose qui peut entraver l'intercession est de ne pas connaître vraiment le Seigneur. "L'Eternel se tient loin des méchants, mais il écoute la prière des justes." (Proverbes 15 :29 SG21). Lorsqu'une personne ne connaît pas le Seigneur, elle ne doit pas s'attendre à ce que toutes ses prières soient exaucées.

QUESTIONS SUR CHAPITRE 8

1.   L'intercession ne consiste pas à mettre les gens dans la bonne position, mais à faire en sorte que le cœur des gens soit _____ à la bonne place.

2.   Le _____ que vous priez compte plus que le _____ que vous priez.

3.   Selon le livre de Jacques, nous pouvons avoir _____ des désirs qui ne sont pas en accord avec le _____ _____ _____ _____.

4.   Notre premier ministère doit être envers qui ? Quel est le premier endroit où vous devez être un intercesseur ?

5.   Selon l'auteur, que pouvez-vous voir se produire dans votre vie si vous choisissez de fonctionner dans un esprit critique ?

CHAPITRE 9

Les Intercesseurs de la Bible : Abraham

Maintenant que nous avons vu ce qu'est l'intercession, regardons les personnes de la Bible que Dieu a transformées en intercesseurs et apprenons de leur vie.

Il arrive que la destruction survienne parce que personne n'intercède. Dans Genèse 18, nous lisons l'histoire d'Abraham négociant avec Dieu pour Sodome et Gomorrhe dans l'espoir de sauver son neveu Lot. Abraham a supplié Dieu de sauver la ville s'il pouvait y trouver ne serait-ce que dix personnes justes. Ce passage montre l'importance d'un intercesseur dans le monde. Abraham s'est interposé, mais sans ses prières, qui sait si Lot et sa famille auraient été épargnés ? Lorsque Lot tarda à quitter Sodome et Gomorrhe, nous lisons,

> " Dès l'aube, les anges insistèrent auprès de Lot en disant : « Lève-toi, prends ta femme et tes deux filles qui se trouvent ici, sinon tu disparaîtras dans la punition qui s'abattra sur la ville. » Comme il

s'attardait, les hommes les prirent par la main, lui, sa femme et ses deux filles, car l'Eternel voulait l'épargner. Ils le firent sortir et le conduisirent à l'extérieur de la ville." (Genèse 19 :15-16 SG21).

C'est la seule fois dans les Écritures qu'un ange a physiquement pris des gens par la main et les a conduits en sécurité ! L'intercession d'une personne peut annuler la volonté d'une autre personne. Dieu ne veut pas forcer l'homme à faire quoi que ce soit, mais la force de l'intercession peut accomplir beaucoup des choses. Pendant l'intercession, la miséricorde de Dieu met beaucoup de personnes à l'abri de Sa colère.

Même si Abraham a demandé à Dieu s'il pouvait épargner sa colère au cas où il trouvait seulement dix justes, la Bible indique clairement que Dieu épargnerait une ville entière pour l'amour d'une seule personne. "J'ai cherché parmi eux quelqu'un qui bâtirait la muraille et se tiendrait devant moi dans la brèche au nom du pays, afin que je ne sois pas obligé de le détruire, mais je n'ai trouvé personne" (Ézéchiel 22 :30). De même, nous lisons dans le livre du prophète Jérémie que si Dieu trouvait une seule personne qui cherchait la vérité, il épargnerait toute la ville.

" Parcourez les rues de Jérusalem, regardez, je vous en prie, et informez-vous, cherchez sur ses places s'il s'y trouve un homme, s'il y a quelqu'un qui pratique la justice, qui cherche à être fidèle, et je pardonnerai à Jérusalem. " (Jérémie 5 :1 SG21).

Abraham aurait pu demander à Dieu de sauver Sodome et Gomorrhe pour l'amour d'une seule personne juste ! Dieu ne veut pas détruire les gens, il ne se réjouit pas de nous faire du mal (Lamentation 3 :33). Pierre déclare : "Le Seigneur ne tarde pas dans l'accomplissement de la promesse, comme certains le pensent ; au contraire, il fait preuve de patience envers nous, voulant qu'aucun ne périsse mais que tous parviennent à la repentance" (2 Pierre 3 :9 SG21).

Savez-vous ce qui est également intéressant dans cette histoire ? Dieu allait épargner Sodome et Gomorrhe si elles choisissaient d'être hospitalières et n'agissaient pas avec mépris envers les anges, Lot et sa famille. Car Dieu a dit à Abraham : " C'est pourquoi je vais descendre et je verrai s'ils ont agi entièrement d'après le bruit venu jusqu'à moi. Si ce n'est pas le cas, je le saurai" (Genèse 18 :21 SG21).

Dieu ne descendait pas dans l'intention de faire du mal à Sodome et Gomorrhe, mais dans l'espoir que le cri de guerre ne soit pas vrai, il leur donnait une dernière épreuve[8]. Lot, en homme juste qu'il était, a fait preuve d'hospitalité envers les anges sans savoir qu'ils étaient des anges. Si les habitants de la ville les avaient laissés tranquille, je crois que la ville n'aurait pas été jugée (Genèse 19 :3-13).

Le cœur de Dieu est que tous viennent à la repentance et qu'aucun ne périsse. Nous avons déjà établi que dans le cœur de Dieu, la miséricorde triomphe du jugement, et intercéder, c'est savoir cela et étendre cette miséricorde aux autres.

Si Dieu est si plein de miséricorde, alors pourquoi devons-nous intercéder ? Nous devons intercéder parce que la domination de la terre a été donnée à l'humanité selon les paroles de Dieu (Genèse 1 :28). Par conséquent, Dieu ne violera pas Sa parole en se déplaçant sans que nous le Lui permettions. Même la justice de Dieu intervient au nom des cris des innocents. Saviez-vous que Lot a également négocié pour une ville et que Dieu a épargné toute la ville ? Les anges voulaient que Lot s'enfuie dans les montagnes car ils allaient également détruire les villes voisines de Sodome et Gomorrhe. Pourtant, Lot a plaidé auprès des anges et la ville a été épargnée.

"Lot leur dit : « Oh, non, Seigneur ! Moi, ton serviteur, j'ai trouvé grâce à tes yeux et tu as montré la grandeur de ta bonté envers moi en me laissant la vie sauve. Cependant, je ne peux pas me réfugier sur la montagne avant que le désastre m'atteigne, si bien que je mourrai.

Regarde cette ville : elle est assez proche pour que je m'y réfugie et elle est petite. Si seulement je pouvais m'y sauver ! N'est-elle pas petite ? Ainsi je resterai en vie !» Il lui dit : « Je t'accorde encore cette faveur et je ne détruirai pas la ville dont tu parles. Dépêche-toi de t'y réfugier, car je ne peux rien faire jusqu'à ce que tu y sois arrivé. » C'est pour cela que l'on a donné à cette ville le nom de Tsoar. Le soleil se levait sur la terre lorsque Lot entra dans Tsoar." (Genèse 19 :18-23 SG21).

Il est clair que les anges allaient également détruire cette ville, mais parce que Lot les a suppliés, ils l'ont épargnée. Si Dieu est prêt à épargner un lieu aussi petit et insignifiant que Tsoar, qui s'appelait auparavant Bela (ce qui signifie "destruction"), pensez-vous que votre ville ou village est trop loin ?[9]

QUESTIONS SUR CHAPITRE 9

1.   Dans ce chapitre, nous lisons comment Dieu a épargné une ville entière à cause d'une seule personne juste. Qu'est-ce que cela révèle sur le cœur de Dieu ?

2.   Dieu ne veut pas _____ personnes ; il ne se réjouit pas de _____ nous.

3.   Le cœur de Dieu est que tout le monde vienne à

_____.

4.   Pourquoi devons-nous intercéder si Dieu est plein de miséricorde ?

CHAPITRE 10

Les Intercesseurs de la Bible : Moïse

Moïse est un autre grand intercesseur de l'Ancien
Testament. Dans les Psaumes, David écrit :

> " Ils ont fabriqué un veau à Horeb, ils se sont prosternés
> devant une image en métal fondu. Ils ont échangé leur
> gloire contre la représentation d'un bœuf qui mange
> l'herbe ! Ils ont oublié Dieu, leur sauveur, qui avait fait
> de grandes choses en Egypte, des miracles dans le pays
> de Cham, des prodiges à la mer des Roseaux. Il parlait
> de les exterminer, mais Moïse, celui qu'il avait choisi,
> s'est tenu à la brèche devant lui pour détourner sa
> fureur et l'empêcher de les détruire." (Psaumes 106
> :19-23 SG21).

Selon David, si Moïse ne s'était pas tenu sur à la
brèche, la colère de Dieu aurait détruit les enfants d'Israël à
cause de leur idolâtrie. Dieu a dit à Moïse : "Maintenant,
laisse-moi faire ! Ma colère va s'enflammer contre eux et je
vais les faire disparaître, tandis que je ferai de toi une grande
nation." (Exode 32 :10). Quelle offre ! Beaucoup d'entre nous
aujourd'hui auraient dit "Ok Dieu" et auraient aidé Dieu à
appuyer sur le bouton de redémarrage. Dieu était prêt à faire

de Moïse une grande nation - tout ce qu'il avait à faire était d'être d'accord avec Dieu pour les détruire. Cependant, Moïse n'était pas concentré sur la grandeur qu'il allait atteindre, mais sur ce qui allait arriver au grand nom de Dieu.

> " Moïse implora l'Eternel, son Dieu, et dit : « Pourquoi, Eternel, ta colère s'enflammerait-elle contre ton peuple, celui que tu as fait sortir d'Egypte avec une grande puissance et avec force ? Pourquoi les Egyptiens diraient-ils : 'C'est pour leur malheur qu'il les a fait sortir de notre pays, c'est pour les tuer dans les montagnes et les exterminer de la surface de la terre' ? Renonce à ton ardente colère et reviens sur ta décision de faire du mal à ton peuple ! Souviens-toi d'Abraham, d'Isaac et d'Israël, tes serviteurs ! Tu leur as dit en jurant par toi-même : 'Je rendrai votre descendance aussi nombreuse que les étoiles du ciel, je donnerai à vos descendants tout le pays dont j'ai parlé et ils le posséderont pour toujours.' » L'Eternel renonça alors au mal qu'il avait déclaré vouloir faire à son peuple." (Exode 32 :11-14 SG21).

Remarquez comment Moïse a répondu à Dieu lorsque celui-ci a dit qu'il allait faire de lui une grande nation et détruire les enfants d'Israël. Moïse a supplié Dieu d'avoir pitié de Son nom. Moïse croyait que si Dieu détruisait les enfants d'Israël, les Égyptiens penseraient du mal de Dieu. La réputation de Dieu était donc la raison de l'intervention de Moïse. Moïse se souciait davantage de la glorification du nom de Dieu que du fait que les gens ne vivaient pas dans la justice. Il rappelle à Dieu les promesses qu'Il a fait à

Abraham, Isaac et Jacob. Il rappelle à Dieu Ses propres paroles qu'Il avait déclarées aux patriarches. En effet, Dieu a dit aux ancêtres d'Israël : " ......Je rendrai votre descendance aussi nombreuse que les étoiles du ciel, je donnerai à vos descendants tout le pays dont j'ai parlé et ils le posséderont pour toujours.". (Exode 32 :13 SG21). De même, nous devons nous aussi intercéder, non seulement parce que c'est notre devoir, mais aussi parce que Jésus-Christ est mort pour le monde.

Que diraient les gens de notre Seigneur s'il détruisait la terre où nous vivons ? Comment les gens verraient-ils la croix sur laquelle il a été immolé ? Oh Seigneur, pour ton nom, sois indulgent et aie pitié de nos nations !

Il y a trois choses importantes que nous devrions glaner de l'intercession de Moïse. La première chose est que votre motivation compte. Si Moïse priait pour recevoir une récompense, alors il aurait dit à Dieu de simplement détruire les enfants d'Israël. Lorsque nous intercédons, nous devons être motivés par l'amour de Dieu et du peuple.

Deuxièmement, la miséricorde de Dieu révèle au monde Son amour. Moïse pensait que si Dieu détruisait les enfants d'Israël, les gens penseraient que Dieu avait des mauvaises intentions. Moïse ne voulait pas que les gens pensent ainsi de Dieu. Acceptez-vous que les gens pensent ainsi de Dieu aujourd'hui ?

Enfin, Moïse a utilisé les propres mots de Dieu. Il a rappelé à Dieu Ses promesses (Exode 32 :14). Il n'y a pas de meilleur outil lorsqu'il s'agit d'intercéder que de déclarer à Dieu Ses propres paroles.

QUESTIONS SUR CHAPITRE 10

1.   Si Moïse n'avait pas intercédé, Dieu aurait détruit la nation d'Israël. Pourquoi ?

2.   Qu'est-ce que Moïse craignait qu'il arrive si Dieu détruisait Israël ?

3.   Vous est-il déjà arrivé d'intercéder avec de mauvaises motivations ? Expliquez.

4.   Selon l'auteur, que révèle la miséricorde de Dieu au monde ?

5.   Moïse ne voulait pas croire que Dieu avait de mauvaises intentions envers l'humanité. As-tu déjà pensé à la façon dont ta représentation de Dieu affecte la façon dont les gens autour de toi Le voient ? Expliquez.

CHAPITRE 11

Les Intercesseurs de la Bible : Samuel

Le prochain grand intercesseur de l'Ancien Testament des qui l'ont peut apprendre est le prophète Samuel. Samuel, dont le nom signifie "Dieu entend", était lui-même une réponse à la prière. La mère de Samuel, Hannah, était stérile et elle a supplié Dieu de lui donner un enfant. Elle a dit à Dieu que s'il accordé à sa demande d'avoir un enfant, elle donnerait cet enfant au Seigneur pour le servir toute sa vie. Dieu a entendu ses prières et lui a donné un enfant qu'elle a appelé Samuel. Après la naissance de Samuel, Anne l'a allaité, puis l'a amené à la maison de Dieu et l'a confié au prêtre Eli (1 Samuel 1 :10-28).

Samuel est resté dans la maison de Dieu, près de la présence de Dieu, et s'est soumis à l'homme de Dieu. En retour, Dieu lui a parlé. Si l'on veut provoquer la voix de Dieu, il faut faire les trois choses que Samuel a faites. Elles sont vitales pour tout intercesseur, et tout intercesseur qui n'y adhère pas ne fait que tirer dans le vent. Leurs prières ne causeront aucun dommage au royaume des ténèbres parce qu'ils refusent de s'engager dans le processus de Dieu.

Dieu a appelé Samuel trois fois et Samuel ne pouvait pas discerner la voix de Dieu parce qu'il ne connaissait pas encore le Seigneur et que la Parole de Dieu ne lui avait pas encore été révélée (1 Samuel 3 :7). Ce n'est pas qu'il n'ait jamais lu la Parole de Dieu, mais plutôt que Samuel n'avait pas encore reçu la révélation de qui était Dieu. Sans révélation, il n'y aura pas de manifestation, et sans manifestation, il n'y aura pas de démonstration. Samuel était dans la maison de Dieu et dans la présence même de Dieu et pourtant il ne connaissait pas encore le Seigneur.

Avec Dieu, il y aura toujours plus à chérir (ou révérer) - il n'y a pas des limites avec un Dieu qui continue à se révéler. C'est pourquoi nous devons nous appuyer sur Dieu. Il arrive un moment où la foi que vous avez devient votre propre foi et non plus la foi de ceux qui vous entourent. Samuel, jusqu'à ce moment-là, n'avait pas encore vraiment connu Dieu pour lui-même. Chaque fois que Dieu l'appelait, Samuel pensait que c'était Eli. Ce n'est qu'après la troisième fois qu'Eli le prêtre a réalisé que c'était Dieu qui parlait au garçon. Après cette prise de conscience, Eli a enseigné à Samuel comment répondre à l'appel de Dieu. Bien que Dieu ait appelé Samuel, il n'a fait qu'appeler le nom de Samuel jusqu'à ce que celui-ci réponde. Et Samuel n'a pas répondu jusqu'à ce que la personne à laquelle il se soumettait lui ait appris comment le faire. Dieu peut nous appeler, mais c'est à nous de répondre.

Notre réponse est plus facile lorsque nous sommes dans la maison de Dieu, en présence de Dieu, et que nous nous soumettons à l'homme ou à la femme de Dieu. Samuel ne s'est pas non plus soumis à un homme parfait, car Dieu lui a dit ceci au sujet d'Eli ;

> "Alors l'Eternel dit à Samuel : « Je vais faire en Israël une chose telle que toute personne qui l'apprendra en restera abasourdie. Ce jour-là j'accomplirai vis-à-vis d'Eli tout ce que j'ai prononcé contre sa famille ; je le commencerai et je le finirai. Je le lui ai déclaré, je veux punir sa famille pour toujours. En effet, il avait connaissance du crime par lequel ses fils se sont maudits et il ne leur a pas fait de reproches. C'est pourquoi je jure à la famille d'Eli que jamais son crime ne sera expié, ni par des sacrifices ni par des offrandes. » " (1 Samuel 3 :11-14 SG21).

Remarquez comment, même si Dieu n'avait rien de bon à dire sur Eli, Samuel n'a jamais quitté le côté d'Eli. Cela ne signifie pas pour autant que nous devons rester sous l'emprise de la violence, car ce n'est pas ce que Dieu nous a appelés à faire - même David a fui Saül. Cependant, je crois qu'il arrive que des personnes quittent les églises avant que Dieu ne le veuille.

L'obéissance de Samuel l'a fait grandir, et le Seigneur était avec lui. La Bible dit ;

> " Samuel grandissait. L'Eternel était avec lui et ne laissa aucune de ses paroles rester sans effet. Tout Israël, depuis Dan jusqu'à Beer-Shéba, reconnut que Samuel était établi prophète de l'Eternel. L'Eternel continuait à apparaître à Silo ; en effet l'Eternel se révélait à Samuel à Silo en lui adressant la parole." (1 Samuel 3 :19-21 SG21).

Dieu n'a laissé aucune des paroles de Samuel tomber à terre ! Cela signifie que lorsqu'il intercédait ou déclarait la parole de Dieu, il avait le soutien total de Dieu. Le mot "Shiloh" préfigure le Messie. Jacob a déclaré : " Le sceptre ne s'éloignera pas de Juda, ni le bâton souverain d'entre ses pieds, jusqu'à ce que vienne le Shilo et que les peuples lui obéissent." (Genèse 49 :10 SG21).

Le Seigneur apparaissant à Samuel à Silo pourrait aussi signifier pour nous aujourd'hui que c'est dans la présence de Jésus que nous rencontrons Dieu. Enfin, Dieu s'est manifesté à Samuel par Sa Parole. Tout intercesseur doit connaître la Parole de Dieu pour discerner le cœur de Dieu.

Samuel n'est pas devenu un intercesseur en un jour - il a dû grandir dans cette voie. Dans la prochaine section, nous parlerons de Samuel l'intercesseur. Pendant que l'on discute de son cœur d'intercesseur, rappelez-vous que son intercession était fondée sur : le fait de rester dans la maison de Dieu (en communion avec les croyants), près de la présence de Dieu (1 Samuel 3 :3), et de se soumettre à l'homme de Dieu sous lequel il était placé.

Samuel, l'intercesseur

Après la mort d'Eli, Samuel a pris la relève en tant que juge final d'Israël. Il a poursuivi Dieu et cela a eu un impact sur la nation d'Israël dans son ensemble. Avant cela, le jugement de Dieu s'était abattu sur tout Israël.

Le jugement d'Israël a eu lieu à cause de la désobéissance des enfants d'Eli et de la réticence d'Eli à les discipliner. Dieu avait appelé la famille d'Eli de se mettre à la brèche pour la nation, mais au lieu de cela, ils ont décidé de négliger leur devoir d'intercesseurs. Cela a entraîné une mort spirituelle qui s'est manifestée dans la nature. En conséquence, Eli et ses fils sont morts comme beaucoup d'autres personnes dans le pays d'Israël. Après la mort d'Eli, un autre événement s'est produit qui décrit prophétiquement la situation.

" Sa belle-fille, la femme de Phinées, était enceinte et sur le point d'accoucher. Lorsqu'elle entendit la nouvelle de la prise de l'arche de Dieu ainsi que de la mort de son beau-père et de son mari, elle se courba et accoucha, car les douleurs la surprirent. Comme elle allait mourir, les femmes qui étaient avec elle lui dirent : « N'aie pas peur, car tu as mis au monde un fils !» Mais elle ne répondit pas et n'y fit pas attention. Elle appela l'enfant I-Kabod, en disant : « La gloire est bannie d'Israël !» C'était à cause de la prise de l'arche de Dieu et à cause de son beau-père et de son mari. Elle dit : « La gloire est bannie d'Israël, car l'arche de Dieu est prise !»" (1 Samuel 4 :19-22 SG21).

La négligence d'Eli a entraîné le départ de la gloire de Dieu. Après que Dieu ait permis que l'arche de l'alliance soit prise par les Philistins, personne d'Israël n'a tenté d'aller la sauver de l'ennemi. Dieu, qui est plein de miséricorde, fit la guerre aux Philistins, brisa leur idole Dagon et affligea le peuple philistin (1 Samuel 6). Dieu continuait à combattre les ennemis d'Israël, même après qu'Israël L'ait abandonné. Finalement, les Philistins ne pouvaient plus supporter l'affliction qui leur était imposée par Dieu parce qu'ils avaient volé l'arche de l'alliance, alors ils ont placé l'arche de l'alliance sur un chariot, et ont fait porter le chariot par deux vaches (1 Samuel 6 :9). Ils ont dit ;

"...Suivez-la du regard : si elle monte par le chemin de sa frontière vers Beth-Shémesh, cela signifie que c'est l'Eternel qui nous a fait ce grand mal ; sinon, nous saurons que ce n'est pas sa main qui nous a frappés, mais que cela nous est arrivé par hasard. »"(1 Samuel 6 :9 SG21).

Les vaches ont porté le chariot avec l'Arche d'Alliance jusqu'à Beth Shemesh. Personne n'a ramené la présence de Dieu en Israël, et aucun Israélite n'est allé secourir l'arche de Dieu, pourtant Dieu a quand même combattu les ennemis d'Israël et a poursuivi Israël même s'ils Lui ont tourné le dos. Dieu nous poursuit toujours ! C'est un excellent exemple de la bonté de Dieu. Alors que nous étions encore pécheurs, Christ est mort pour nous (Romains 5 :8). Pourtant, Sa bonté a pour but de nous amener à la repentance (Romains 2 :4).

Samuel a rappelé toute la nation à la repentance. En tant qu'intercesseurs, nous devons nous aussi chercher à rappeler notre ville, notre nation et le monde à la repentance. L'appel du peuple à la repentance doit être motivé par la compréhension que Dieu poursuit le monde comme il a poursuivi les Israélites.

" Les habitants de Kirjath-Jearim vinrent et firent monter l'arche de l'Eternel chez eux. Ils la conduisirent dans la maison d'Abinadab, sur la colline, et ils consacrèrent son fils Eléazar pour la garder. Il s'était passé bien du temps depuis le jour où l'arche avait été déposée à Kirjath-Jearim. Vingt années avaient passé. Alors toute la communauté d'Israël poussa des gémissements vers l'Eternel. Samuel dit à toute la communauté d'Israël : « Si c'est de tout votre cœur que vous revenez à l'Eternel, enlevez du milieu de vous les dieux étrangers et les Astartés, dirigez votre cœur vers l'Eternel et servez-le-lui seul. Il vous délivrera alors de l'oppression des Philistins. » Les Israélites enlevèrent du milieu d'eux les Baals et les Astartés, et ils servirent l'Eternel seul. Samuel dit : « Rassemblez tout Israël à Mitspa et je prierai l'Eternel pour vous. » Et ils se rassemblèrent à Mitspa. Ils puisèrent de l'eau et la versèrent devant l'Eternel, et ils jeûnèrent ce jour-là en disant : « Nous avons péché contre l'Eternel !» Samuel jugea les Israélites à Mitspa." (1 Samuel 7 :1-6 SG21).

Aux versets 5 et 6 de ce passage, nous lisons que le peuple "puisa de l'eau et la versa devant le Seigneur". Le fait de puiser de l'eau et de la verser symbolise leur quête de Dieu dans son intégralité. Cette recherche sincère est également illustrée par leur jeûne. En tant qu'intercesseurs, nous devons enseigner aux gens comment verser leurs âmes à Dieu comme les enfants d'Israël ont versé l'eau sur le sol. Comme les enfants d'Israël ont jeûné et confessé leurs péchés à Dieu, l'église doit chercher Dieu avec un désespoir similaire. Ce n'est qu'après un tel désespoir que nous verrons une restauration complète dans notre pays.

Après ce temps d'intercession, les ennemis d'Israël, les Philistins, ont attaqué Israël. Les enfants d'Israël étaient terrifiés et ont dit à Samuel ;

"N'arrête pas de crier pour nous à l'Eternel, notre Dieu, afin qu'il nous sauve de la domination des Philistins. » Samuel prit un tout jeune agneau et l'offrit tout entier en holocauste à l'Eternel. Il cria à l'Eternel pour Israël et l'Eternel l'exauça. " (1 Samuel 7 :8-9 SG21).

Les Israélites sont passés de batailles toujours perdues à des victoires sur leurs ennemis parce que Dieu avait établi un intercesseur dans le pays. Samuel s'est mis à la place des enfants d'Israël et Dieu a combattu en leur nom. "Pendant que Samuel offrait l'holocauste, les Philistins s'approchèrent pour attaquer Israël. L'Eternel fit gronder ce jour-là son tonnerre sur les Philistins et les mit en déroute. Ils furent battus devant Israël." (1 Samuel 7 :10 SG21). C'est la puissance de l'intercession. Les Philistins n'ont plus jamais envahi le territoire d'Israël pendant la vie de Samuel. Suite à cette victoire, Samuel prit une pierre et la dressa entre Mizpah et Shen. Il nomma la pierre Ebenezer, ce qui signifie "le Seigneur est mon aide".

Mizpah signifie "la tour de guet."[10] C'est à l'endroit appelé tour de guet que Samuel prend la direction des enfants d'Israël. Une tour de guet est une haute tour où une sentinelle surveille les ennemis, les feux de forêt, etc.[11] Sans un tour de guet, un royaume ou une ville peut facilement être envahi parce qu'on ne voit pas l'ennemi arriver. C'est l'une des parties les plus importantes d'un château.

Spirituellement, lorsque nous intercédons, nous devenons des veilleurs dans la tour de guet. Eli et ses enfants ont négligé la tour de garde et à cause de cela, la ville a été saccagée. Samuel a rétabli la tour de guet de l'intercession, et grâce à cela, Dieu est redevenu l'Ebenezer (l'aide) d'Israël.

Samuel croyait tellement à l'intercession qu'il assimilait le fait de ne pas intercéder à un péché. Il dit : "Je ne veux certes pas pécher contre l'Eternel en cessant de prier pour vous ! Au contraire, je vous enseignerai le chemin bon et droit." (1 Samuel 12 :23 SG21). Un véritable intercesseur doit considérer l'intercession comme Samuel l'a fait.

QUESTIONS SUR LE CHAPITRE 11

1.   Quelles sont les trois choses que Samuel a faites ?
Pourquoi est-il important pour les intercesseurs de suivre
l'exemple de Samuel ?

2.   Dieu peut nous appeler, mais c'est notre travail de

_____.

3.   Qu'est-ce qui rend notre réponse à Dieu plus facile ?

4.   Beaucoup de gens sont prompts à quitter une église
ou un ministère parce qu'ils sont blessés ou qu'ils voient
quelque chose de mieux. Citez deux raisons qui vous
justifieraient de quitter un ministère ou une église.

5.   Qu'est-ce qui devrait motiver l'appel des gens à la
repentance ?

CHAPITRE 12

Les Intercesseurs de la Bible : Jésus

Alors que les enfants d'Israël continuaient à pécher, même après que Dieu ait été patient avec eux et leur ait pardonné, Dieu a parlé à Ézéchiel et lui a dit que même si Noé, Daniel et Job étaient là, " ...eux auront la vie sauve à cause de leur justice" (Ézéchiel 14 :14 SG21). Noé, qui est mentionné en premier, a été le premier à traiter avec un monde qui était complètement vaincu par leurs voies pécheresses.

Lorsque Noé avait entre 500 et 600 ans, Dieu lui a dit de construire une arche car il allait inonder la terre (Genèse 5 : 32 ; 6 ; 7). Dans 2 Pierre 2 :5, nous constatons que Dieu a protégé Noé, un prédicateur de justice, et sept autres personnes. La justice et l'intercession de Noé ont contribué à sauver sa famille de la destruction (Genèse 7 :1). Noé était un homme juste qui prêchait au monde, et nous pouvons légitimement supposer qu'il était un intercesseur. Son cœur d'intercesseur peut être vu après la fin du déluge quand il a, de son propre chef, sacrifié à Dieu. Dieu ne lui a jamais dit de sacrifier des animaux purs - il l'a fait lui-même, ce qui signifie qu'il l'avait déjà fait auparavant.

> " Noé construisit un autel en l'honneur de l'Eternel. Il prit de toutes les bêtes pures et de tous les oiseaux purs et offrit des holocaustes sur l'autel. L'Eternel perçut une odeur agréable et se dit en lui-même : « Je ne maudirai plus la terre à cause de l'homme, car l'orientation du cœur de l'homme est mauvaise dès sa jeunesse, et je ne frapperai plus tous les êtres vivants comme je l'ai fait. Tant que la terre subsistera, les semailles et la moisson, le froid et la chaleur, l'été et l'hiver, le jour et la nuit ne cesseront pas. »" (Genèse 8 :20-22 SG21).

Noé était un homme irréprochable et juste dans sa génération. Il prêchait la vérité aux perdus et intercédait. Mais nous lisons encore que sa justice ne sauvera que lui-même du jugement de Dieu dans Ézéchiel 14. Après Noé, Dieu mentionne Daniel. Daniel, à l'époque d'Ézéchiel, est en train d'écrire son livre. C'est un jeune homme, mais ses actes justes sont connus de beaucoup.

Il y a beaucoup d'écrits sur les intercessions de Daniel. Dans Daniel chapitre 2, ses prières d'intercession ont sauvé ses amis et les sages de Babylone. Puis, au chapitre 9, Daniel intercède pour toute la nation d'Israël, rappelant à Dieu ses paroles par l'intermédiaire du prophète Jérémie ;

"... En revanche, voici ce que dit l'Eternel : Dès que 70 ans seront passés pour Babylone, j'interviendrai en votre faveur, j'accomplirai ce que je vous ai promis en vous ramenant ici. En effet, moi, je connais les projets que je forme pour vous, déclare l'Eternel, projets de paix et non de malheur, afin de vous donner un avenir et de l'espérance. Alors vous m'appellerez et vous partirez, vous me prierez et je vous exaucerai. Vous me chercherez et vous me trouverez, parce que vous me chercherez de tout votre cœur. Je me laisserai trouver par vous, déclare l'Eternel, et je ramènerai vos déportés. Je vous rassemblerai de toutes les nations et de tous les endroits où je vous ai chassés, déclare l'Eternel, et je vous ferai revenir à l'endroit d'où je vous ai fait partir en exil." (Jérémie 29 :10-14 SG21).

Daniel, en grand intercesseur qu'il était, connaissait les paroles que Dieu avait prononcées par l'intermédiaire du prophète Jérémie. Lorsque les 70 ans furent sur les enfants d'Israël, Daniel se repentit des péchés de son peuple et cria à Dieu pour être délivré (Daniel 9). Son intercession a été entendue, un ange est apparu, et la délivrance d'Israël a commencé (Daniel 9 :20-21).

Daniel est la véritable définition d'un guerrier de la prière. Selon les Écritures, Daniel priait régulièrement trois fois par jour (Daniel 6 :10-28). S'il y avait quelqu'un qui pouvait intercéder pour les enfants d'Israël et faire en sorte que la colère de Dieu soit apaisée, on pourrait penser que ce serait Daniel. Cependant, même Daniel n'a pas pu sauver

Israël du malheur imminent mentionné par Ézéchiel à cause de leur péché national.

Le dernier sur la liste était l'homme juste du nom de Job, dont la justice était vantée par Dieu lui-même (Job 1). Job intercédait régulièrement pour toute sa famille, allant jusqu'à sacrifier en leur nom au cas où ils auraient péché (Job 1 :5). Grâce à son intercession, ses amis qui ont agi de manière insensée ont été délivrés des conséquences de leur folie (Job 42 :8-10).

Mais tout comme les deux autres sur cette liste d'hommes justes, les intercessions de Job ne seraient toujours pas en mesure de sauver Israël. La punition pour le péché est la mort, et bien que Noé, Daniel et Job aient été justes, ils n'étaient pas sans péché. Comme les hommes sont entachés de faiblesses, il est arrivé un moment où la colère de Dieu ne pouvait être tenue en échec par de simples hommes. Tout cela a changé dans le Nouveau Testament lorsque Jésus est entré en scène. Jésus était parfait à tous égards et était un prêtre, non pas dans l'ordre de l'homme, mais dans l'ordre de Melchisédech.

" Et *Abraham lui a donné la dîme de tout.* D'après la signification de son nom, Melchisédek est d'abord roi de justice ; ensuite il est roi de Salem, c'est-à-dire roi de paix. On ne lui connaît ni père ni mère, ni généalogie, ni commencement de jours ni fin de vie, mais, rendu semblable au Fils de Dieu, il reste prêtre pour toujours." (Hébreux 7 :2-3 SG21).

Melchizédec est donc, dans l'Ancien Testament, l'image fantôme d'un futur Christ. De nombreux spécialistes appellent cela une christophanie - une apparition du Christ pré-incarné dans l'Ancien Testament. Jésus est venu dans l'ordre de ce prêtre qui était dépourvu de péché. " Par conséquent, il peut aussi sauver parfaitement ceux qui s'approchent de Dieu à travers lui, puisqu'il est toujours vivant pour intercéder en leur faveur." (Hébreux 7 :25 SG21). Contrairement à Noé, Daniel, Job et tout autre homme de l'Ancien Testament, Jésus n'a pas besoin de se repentir de ses péchés. C'est pourquoi, lorsqu'il intercède, il s'agit d'un niveau d'intercession plus élevé et il est "…celui qui peut vous garder de toute chute et vous faire paraître devant sa gloire irréprochables et dans l'allégresse, " (Jude 1 :24 SG21). Qu'est-ce que cela signifie pour nous aujourd'hui ?
Cela signifie que nous pouvons intercéder avec confiance à cause de ce que Jésus a fait sur la croix !

> " Ainsi, puisque nous avons un souverain grand-prêtre qui a traversé le ciel, Jésus, le Fils de Dieu, restons fermement attachés à la foi que nous professons. En effet, nous n'avons pas un grand-prêtre incapable de compatir à nos faiblesses ; au contraire, il a été tenté en tout point comme nous, mais sans commettre de péché. Approchons-nous donc avec assurance du trône de la

grâce afin d'obtenir compassion et de trouver grâce pour être secourus au moment opportun." (Hébreux 4 :14-16 SG21).

Jésus a connu notre douleur, a porté notre péché et est monté au ciel. C'est pourquoi nous pouvons nous adresser hardiment à Dieu dans la prière !

Qu'est-ce qui vous empêche de prier pour votre nation ? Est-ce le péché ? Alors confessez votre péché et Jésus vous purifiera. Car la Bible dit : "Si nous reconnaissons nos péchés, il est fidèle et juste pour nous les pardonner et pour nous purifier de tout mal." (1 Jean 1 :9 SG21). Je peux comprendre pourquoi les gens de l'Ancien Testament étaient parfois incapables d'intercéder. Ils n'avaient que le sang des taureaux et des boucs, et ne pouvaient donc pas entrer pleinement dans le Saint des Saints. Esaïe dit : "Nous sommes tous devenus comme des objets impurs et toute notre justice est pareille à un habit taché de sang, nous sommes tous aussi fanés qu'une feuille et nos fautes nous emportent comme le vent." (Esaïe 64 :5 SG21). Parmi les "tous" dont parle Ésaïe, on trouve Noé, Daniel et Job. Bien que justes, ces trois hommes étaient limités dans leur intercession parce qu'elle était basée sur leur justice. Ils avaient Dieu avec eux ; nous avons Dieu *en nous* ! Son Esprit intercède à travers nous. " De même l'Esprit aussi nous vient en aide dans notre faiblesse. En effet, nous ne savons pas ce qu'il convient de demander dans nos prières, mais l'Esprit lui-même intercède [pour nous] par des soupirs que les mots ne peuvent exprimer. " (Romains 8 :26 SG21).

Par sa justice et son intercession, Noé a sauvé les générations futures ici sur terre, mais il n'a pas pu les sauver de leur damnation éternelle. De même, Daniel, par son intercession, a aidé à sauver ses amis, a sauvé les sages de Babylone, et a même commencé le processus de restauration d'Israël. Mais là encore, son intercession n'a pas permis d'obtenir le salut spirituel.

Enfin, Job, qui était juste et irréprochable, n'aurait pas été à la hauteur si on lui avait demandé d'intercéder pour le salut d'une âme. Aussi grands que soient ces intercesseurs, leur intercession était limitée parce qu'ils n'avaient pas le Christ vivant en eux. Mais puisque Christ vit en nous et que Son Esprit prie à travers nous, l'esprit des gens peut être libéré de l'esclavage du péché lorsque nous intercédons. Nous pouvons même arracher certaines personnes de la prison (Jude 1 :20-23).

Alors qu'attendez-vous ? La Bible dit : "... La prière du juste agit avec une grande force." (Jacques 5 :16 SG21).

Elie, qui avait la même nature pécheresse que nous, a prié avec ferveur dans l'Ancien Testament pour qu'il ne pleuve pas, et il n'a pas plu pendant 3 ans et 6 mois. Puis il a prié à nouveau pour qu'il pleuve, et il a plu (Jacques 5 :16).

Élie a fait tout cela sous l'ancienne alliance sans que le Christ vienne et meure et que ses péchés soient complètement effacés. Imaginez ce qui se passerait si nous, qui sommes dans une meilleure alliance (Hébreux 8 :6), nous qui sommes maintenant la justice de Dieu (2 Corinthiens 5 :21), nous qui sommes appelés les fils de Dieu (Jean 1 :12-13), commencions à croire que nous le sommes et à prier avec audace et passion comme Elie. Comme le monde changerait !

Ami, tu es mandaté aujourd'hui pour intercéder pour ta famille, tes amis, ta ville, ton pays, ta nation, le monde ! Lève-toi, intercesseur ! Prie avec audace ! Priez efficacement ! Priez !

QUESTIONS SUR CHAPITRE 12

1. Pourquoi Noé, Daniel et Job n'ont-ils pas pu sauver Israël de la colère imminente de Dieu ?

2. Pourquoi pouvons-nous intercéder avec confiance si nous sommes en Christ ?

3. Pourquoi les personnes de l'Ancien Testament étaient-elles limitées dans leur intercession ?

4. Vous êtes-vous engagé à adopter un style de vie fondé sur l'intercession ? Êtes-vous prêt à répondre à l'appel de Dieu à intercéder ?

REMERCIEMENT SPÉCIAL

Je voudrais remercier mon fils spirituel Gloire Emmanuel Ndongala pour son aide dans le processus d'écriture. Mariajose Staley Ramón Ros pour l'édition de la version espagnole. Bellarmee Milosi pour l'édition de la version française. Kelani Daniels pour l'édition de tout le livre et pour sa contribution au processus d'écriture. Enfin, Mark Hunter pour toute son aide.

RÉFÉRENCES

1. "What Is the Noun for Intercede?" *WordHippo*. Accessed March 16, 2022. https : //www.wordhippo.com/what-is/the-noun-for/intercede.html.

2. Zalani, Rochi. "Average Screen Time : Statistics 2021." *ECM*. Last modified November 5, 2021. Accessed March 16, 2022. https : //elitecontentmarketer.com/screen-time-statistics/.

3. *Strong's Greek : 4336. Προσεύχομαι (PROSEUCHOMAI) -- to Pray*. Accessed March 17, 2022. https : //biblehub.com/greek/4336.htm.

4. Ibid.

5. Hasa. "Difference between Love and Compassion." *Compare the Difference Between Similar Terms*. Differencebetween.com, April 4, 2019. Last modified

April 4, 2019. Accessed March 17, 2022. https :
//www.differencebetween.com/difference-between-
love-and-compassion/.

6. *Strong's Greek : 4697. Σπλαγχνίζομαι*
    (SPLAGCHNIZOMAI) -- to Be Moved in the Inward
    Parts, I.e. to Feel Compassion. Accessed March 17,
    2022. https : //biblehub.com/greek/4697.htm.

7. *Strong's Hebrew : 1847. עֲדַּ֣ת (Daath) -- Knowledge.*
    Accessed March 17, 2022. https :
    //biblehub.com/hebrew/1847.htm.

8. *Genesis 18 : 21 Commentaries : "I Will Go down*
    Now, and See If They Have Done Entirely According
    to Its Outcry, Which Has Come to Me; and If Not, I
    Will Know.". Accessed March 17, 2022. https :
    //biblehub.com/commentaries/genesis/18-21.htm.

9. "Home." *Bible Study.* Accessed March 17, 2022.
    https : //www.biblestudy.org/meaning-names/zoar-
    bela.html.

10. Staff, BibleStudyTools. "Mizpah." *Definition and Meaning - Bible Dictionary*. BibleStudyTools, n.d. Accessed March 17, 2022. https ://www.biblestudytools.com/dictionary/mizpah/?amp.

11. "Watchtower Definition and Meaning : Collins English Dictionary." *Watchtower Definition and Meaning | Collins English Dictionary*. HarperCollins Publishers Ltd, n.d. Accessed March 16, 2022. https ://www.collinsdictionary.com/us/dictionary/english/watchtower.

www.ingramcontent.com/pod-product-compliance
Lightning Source LLC
Chambersburg PA
CBHW072356090426
42741CB00012B/3050

* 9 7 9 8 9 8 6 2 3 8 7 1 5 *